Christian Siller

Internationales UN-Kaufrecht

Das Recht in Fragen und Antworten
sowie in Praxisfällen und Lösungen

Christian Siller

Internationales UN-Kaufrecht

www.europäischer-hochschulverlag.de

Siller, Christian
Internationales UN-Kaufrecht
Das Recht in Fragen und Antworten sowie in Praxisfällen und Lösungen

1. Auflage 2009
ISBN: 978-3-941482-00-5
© Europäischer Hochschulverlag
in der CT Salzwasser-Verlag GmbH & Co. KG
www.europäischer-hochschulverlag.de
Alle Rechte vorbehalten

Die Deutsche Bibliothek verzeichnet diesen Titel in der
Deutschen Nationalbibliografie. Bibliografische Daten sind unter
http://dnb.ddb.de abrufbar.

Vorwort

Das UN-Kaufrecht ist zu einer Schlüsselmaterie des internationalen Kaufrechts geworden. 71 Staaten haben das Abkommen inzwischen ratifiziert. Seine Anwendung ist bei grenzüberschreitenden Kaufverträgen eher die Regel als der Ausnahmefall. Das Verständnis zumindest der Grundstrukturen ist daher für den internationalen Handel ein Muss.

Die große praktische Bedeutung spiegelt sich auch im Rechtsunterricht wider. Immer mehr Studiengänge sind mehr oder minder „international" geprägt und vermitteln das UN-Kaufrecht. Das Ergebnis trägt auch dazu bei, das nicht-vereinheitlichte nationale Kaufrecht besser zu verstehen; zudem erleichtert es die Kommunikation mit ausländischen Geschäftspartnern und Juristen, in deren Heimatstaat das Abkommen ebenfalls gilt und/oder deren Rechtsordnungen sogar vom UN-Kaufrecht geprägt wurden.

Das vorliegende Studienbuch ist kein Lehrbuch im klassischen Sinne. Es vermittelt die wesentlichen Inhalte des UN-Kaufrechts anhand von Fragen und Antworten sowie von Praxisfällen und Lösungen. Diese kann der Leser zunächst selbstständig bearbeiten und sodann mit den Antworten und Lösungen abgleichen. Insgesamt sind es 300 Lerneinheiten, die den Einblick in das UN-Kaufrecht vermitteln sollen.

Besonderer Wert wurde auf den Praxisbezug gelegt. Wie beurteilen die deutschsprachigen Gerichte Fälle, die dem UN-Kaufrecht unterliegen? Hierfür wurde die wesentliche Rechtsprechung aus Deutschland, der Schweiz und Österreich ausgewertet. Über 100 gerichtliche Entscheidungen aus den drei deutschsprachigen Ländern werden erörtert.

Meinem studentischen Mitarbeiter Herrn Sascha Feistner danke ich für seine Hilfe bei den Korrekturarbeiten. Hinweise, Anregungen und Kritik sind sehr willkommen unter: *christian.siller@fh-koeln.de*.

Köln im Dezember 2008

Christian Siller

Inhaltsverzeichnis

Vorwort I
Inhaltsverzeichnis II
Abkürzungsverzeichnis IV
Ausgewählte Literatur zum UN-Kaufrecht VII
Übersicht der erörterten Rechtsprechung X
Grundlagen 1
Teil I des UN-Kaufrechts 3
    I. Anwendbarkeit des UN-Kaufrechts 3
    II. Parteiautonomie 7
    III. Sachlicher Anwendungsbereich 11
    IV. Regelungsmaterie 19
    V. Allgemeine Bestimmungen 24
Teil II des UN-Kaufrechts 29
    I. Allgemeines 29
    II. Vertragsangebot 29
    III. Annahme des Angebots 32
    IV. Vertragsänderung 39
Teil III des UN-Kaufrechts 42
    I. Allgemeine Bestimmungen 42
        1. Regelungsgegenstand 42
        2. Wesentliche Vertragsverletzung 42
        3. Zugangs- und Absendeprinzip 47
    II. Pflichten des Verkäufers 48
        1. Lieferungspflichten 48
        2. Ort der Lieferung 49
        3. Versicherung und Zeit der Lieferung 51
        4. Vertragsmäßigkeit der Ware 53
        5. Flankierende Regelungen zur Vertragsmäßigkeit 59
        6. Untersuchung der Ware und Rüge 61
            a) Untersuchung der Ware 61
            b) Mängelrüge 63
            c) Besonderheiten bei der Rügeerhebung 69
            d) Gewährleistung trotz fehlender Mängelrüge 73
    III. Rechte des Käufers bei Vertragsverletzungen des Verkäufers ... 76
        1. Grundlagen 76
        2. (Nach-) Erfüllung 79

3. Vertragsaufhebung ... 81
4. Minderung ... 84
5. Schadensersatz ... 85
IV. Pflichten des Käufers ... 86
   1. Grundlagen ... 86
   2. Zahlungsort ... 88
   3. Zahlungszeit ... 92
V. Rechte des Verkäufers bei Vertragsverletzungen durch den Käufer ... 93
   1. Grundlagen ... 93
   2. Erfüllung ... 94
   3. Vertragsaufhebung ... 95
   4. Schadensersatz ... 98
   5. Spezifizierung ... 99
VI. Gefahrübergang ... 100
VII. Gemeinsame Bestimmungen über die Parteipflichten ... 102
   1. Verschlechterungseinrede ... 102
   2. Voraussehbarer Vertragsbruch ... 104
   3. Sukzessivlieferungsvertrag ... 106
   4. Schadensersatz ... 107
      a) Grundlagen ... 107
      b) Schadensberechnung und Deckungsgeschäft ... 112
      c) Schadensminderungspflicht ... 115
   5. Zinsen ... 118
   6. Haftungsbefreiungen ... 119
   7. Wirkungen der Vertragsaufhebung ... 124
   8. Erhaltung der Ware und Selbsthilfeverkauf ... 128

Teil IV des UN-Kaufrechts ... 131

Anhang: Text des Übereinkommens ... 134

Sachverzeichnis ... 165

Abkürzungsverzeichnis

a. A.	andere(r) Ansicht
ABl.	Amtsblatt
Abs.	Absatz
a. E.	am Ende
a. F.	alte Fassung
AG	Aktiengesellschaft, Die Aktiengesellschaft
AGB	Allgemeine Geschäftsbedingungen
Art.	Artikel
Aufl.	Auflage
BB	Betriebs-Berater
BGB	Bürgerliches Gesetzbuch
BGE	Entscheidungen des Schweizerischen Bundesgerichts
BGBl.	Bundesgesetzblatt
BGH	Bundesgerichtshof
BGHZ	Entscheidungen des Bundesgerichtshofs in Zivilsachen
bspw.	beispielsweise
BT-Drucks.	Bundestagsdrucksache
bzw.	beziehungsweise
Cc	Codice civile (Italien) / Code civil (Frankreich)
CHF	Schweizer Franken
CISG	United Nations Convention on Contracts for the International Sale
d. h.	das heißt
DM	Deutsche Mark
EAG	Einheitliches Gesetz über den Abschluss von internationalen Kaufverträgen über bewegliche Sachen
EGBGB	Einführungsgesetz zum Bürgerlichen Gesetzbuch
EKG	Einheitliches Gesetz über den internationalen Kauf beweglicher Sachen
etc.	et cetera
EWiR	Entscheidungen für Wirtschaftsrecht
f., ff.	folgend(e/r), fortfolgend(e/r)
ggf.	gegebenenfalls
GmbH	Gesellschaft mit beschränkter Haftung

gr.	Gramm
h. M.	herrschende Meinung
HGB	Handelsgesetzbuch
Hrsg.	Herausgeber
i. d. R.	in der Regel
i. S. v.	im Sinne von
i. V. m.	in Verbindung mit
IHR	Zeitschrift für Internationales Handelsrecht
INCOTERMS	International Commercial Terms
IPRax	Praxis des Internationalen Privat- und Verfahrensrechts
kg	Kilogramm
LG	Landgericht
lit.	Litera
mm	Millimeter
m. w. Nachw.	mit weiteren Nachweisen
Mio.	Million(en)
NJW	Neue Juristische Wochenschrift
Nr., Nrn.	Nummer, Nummern
östZRVgl	Österreichische Zeitschrift für Rechtsvergleichung
OGH	Oberster Gerichtshof (Österreich)
OLG	Oberlandesgericht
OR	Schweizerisches Obligationenrecht
p. a.	per annum
RabelsZ	Rabels Zeitschrift für ausländisches und Internationales Privatrecht
Rdn.	Randnummer(n)
RIW	Recht der internationalen Wirtschaft
S.	Seite, Satz
SJZ	Schweizerische Juristen-Zeitung
sog.	sogenannt(e/r/s)
str.	streitig
s. u.	siehe unten
SZIER	Schweizerische Zeitschrift für Internationales und Europäisches Recht
TranspR	Transportrecht
u. a.	unter anderem

UN	United Nations
UNCITRAL	United Nations Commission on International Trade Law
USA	Vereinigte Staaten von Amerika
USD	Dollar der Vereinigten Staaten von Amerika
u. U.	unter Umständen
v.	von, vom
v. a.	vor allem
vgl.	vergleiche
WiB	Wirtschaftsrechtliche Beratung
WM	Wertpapiermitteilungen
z. B.	zum Beispiel
z. T.	zum Teil
z. Zt.	zur Zeit
ZEuP	Zeitschrift für Europäisches Privatrecht
ZfRV	Zeitschrift für Rechtsvergleichung
ZHR	Zeitschrift für das gesamte Handels- und Wirtschaftsrecht
ZIP	Zeitschrift für Wirtschaftsrecht

Ausgewählte Literatur zum UN-Kaufrecht

Bianca/Bonell, Commentary on the International Sales Law, Mailand 1987;
Bonell, Vertragsverhandlungen und culpa in contrahendo nach dem Wiener Kaufrechtsübereinkommen, RIW 1990, 693 ff.;
v. Caemmerer/Schlechtriem (Hrsg.), Kommentar zum Einheitlichen UN-Kaufrecht, 2. Aufl. 1994;
Diedrich, Anwendbarkeit des Wiener Kaufrechts auf Softwareüberlassungsverträge, RIW 1993, 441 ff.;
Diedrich, Anwendung der „Vorschaltlösung" im Internationalen Kaufrecht, RIW 1993, 758 ff.
Diedrich, Lückenfüllung im Internationalen Einheitsrecht, RIW 1995, 353 ff.;
Enderlein, Die Verpflichtung des Verkäufers zur Einhaltung des Lieferzeitraums und die Rechte des Käufers bei dessen Nichteinhaltung nach dem UN-Übereinkommen über Verträge über den internationalen Warenkauf, IPRax 1991, 313 ff.;
Enderlein/Graefrath, Nochmals: Deutsche Einheit und internationales Kaufrecht, BB 1991, Beil. Nr. 6, 8 ff.;
Enderlein/Maskow, International Sales Law, 1992;
Enderlein/Maskow/Strohbach, Internationales Kaufrecht, 1991;
Faust, Die Vorhersehbarkeit des Schadens gemäß Art. 74 S. 2 CISG, 1996;
Fischer, Die Unmöglichkeit der Leistung im internationalen Kauf- und Vertragsrecht, 2002;
Frense, Grenzen der formularmäßigen Freizeichnung im einheitlichen Kaufrecht, 1993;
Frigge, Externe Lücken und internationales Privatrecht nach dem UN-Kaufrecht, 1993;
Henninger, Die Frage der Beweislast im Rahmen des UN-Kaufrechts, zugleich eine rechtsvergleichende Grundlagenstudie zur Beweislast, 1995;
Herber/Czerwenka, Internationales Kaufrecht, Kommentar zu dem Übereinkommen der Vereinten Nationen vom 11. April 1980 über Verträge über den internationalen Warenkauf, 1991;
Himmen, Die Lückenfüllung anhand allgemeiner Grundsätze im UN-Kaufrecht (Art. 7 Abs. 2 CISG), 2007;
Hirner, Der Rechtsbehelf der Minderung nach dem UN-Kaufrecht (CISG), 2000;
Holl/Kessler, „Selbstgeschaffenes Recht der Wirtschaft" und Einheitsrecht – Die Stellung der Handelsbräuche und Gepflogenheiten im Wiener UN-Kaufrecht, RIW 1995, 457 ff.;
Honnold, Uniform Law for International Sales Under the 1980 United Nations Convention, 2. Aufl. 1991;

Honsell, Die Vertragsverletzung des Verkäufers nach dem Wiener Kaufrecht, SJZ 1992, 345 ff.;

Honsell, Kommentar zum UN-Kaufrecht, 1997;

Huber, Der UNCITRAL-Entwurf eines Übereinkommens über internationale Warenkaufverträge, RabelsZ 43 (1979), 413 ff.;

Karollus, UN-Kaufrecht, 1991;

Karollus/Magnus/Melis/Schnyder, Kommentar zum UN-Kaufrecht, 2007;

Kock, Nebenpflichten im UN-Kaufrecht, dargestellt am Beispiel der Pflichten des Verkäufers, 1995;

Köhler, Das UN-Kaufrecht (CISG) und sein Anwendungsausschluss, 2008;

Köninger, Die Bestimmung der gesetzlichen Zinshöhe nach dem deutschen Internationalen Privatrecht. Eine Untersuchung unter besonderer Berücksichtigung der Artt. 78 und 84 UN-Kaufrecht (CISG), 1997;

Krebs, Die Rückabwicklung im UN-Kaufrecht, 2000;

Kröll, Selected problems concerning the CISG´s scope of application, 25 Journal of Law and Commerce (2006);

Kröll, Kaufmännisches Bestätigungsschreiben beim Internationalen Warenkauf, RabelsZ 67 (2003), 355 ff.;

Landfermann, Das UNCITRAL-Übereinkommen über die Verjährung beim internationalen Warenkauf, RabelsZ 39 (1975), 253 ff.;

Lookofsky, Understanding the CISG in the U.S.A.: a compact guide to the 1980 United Nations Convention on Contracts fort he International Sale of Goods, 1995;

Lüderitz, CISG, in: Soergel, Bürgerliches Gesetzbuch, Schuldrechtliche Nebengesetze 2, 2000;

Lurger, Die wesentliche Vertragsverletzung nach Art. 25 CISG, IHR 2001, 91 ff.;

Magnus, Das UN-Kaufrecht tritt in Kraft!, RabelsZ51 (1987), 123 ff.;

Magnus, Zum räumlichen internationalen Anwendungsbereich des UN-Kaufrechts und zur Mängelrüge, IPRax 1993, 390 ff.;

Magnus, Die allgemeinen Grundsätze im UN-Kaufrecht, RabelsZ 59 (1995), 467 ff.;

Magnus, Stand und Entwicklungen des UN-Kaufrechts, ZEuP 1995, 202 ff.;

Magnus, UN-Kaufrecht, in: Julius von Staudingers Kommentar zum Bürgerlichen Gesetzbuch, 13. Aufl. 1999;

Magnus, Aktuelle Entwicklungen des UN-Kaufrechts, ZEuP 2002, 523 ff.;

Mohs, Die Vertragswidrigkeit im Rahmen des Art. 82 Abs. 2 lit. c CISG, IHR 2002, 59 ff.;

Neumayer, Offene Fragen zur Anwendung des Abkommens der Vereinten Nationen über den internationalen Warenkauf, RIW 1994, 99 ff.;

Piltz, Internationales Kaufrecht. Das UN-Kaufrecht in praxisorientierter Darstellung, 2. Aufl. 2008;

Piltz, Anwendbares Recht in grenzüberschreitenden Verträgen, IPRax 1994, 191 ff.;

Piltz, Neue Entwicklungen im UN-Kaufrecht, NJW 1994, 1101 und NJW 2003, 2056;

Reinhart, Fälligkeitszinsen und UN-Kaufrecht, IPRax 1991, 376 ff.;

Reinhart, UN-Kaufrecht, Kommentar zum Übereinkommen der Vereinten Nationen vom 11. April 1980 über Verträge über den internationalen Warenkauf, 1991;

v. Sachsen Gessaphe, Internationales Privatrecht und UN-Kaufrecht, 2. Aufl. 2007;

Saenger, Übereinkommen der Vereinten Nationen über Verträge über den internationalen Warenkauf, in: Bamberger/Roth, Kommentar zum Bürgerlichen Gesetzbuch, 2003;

Schlechtriem, International Einheitliches Kaufrecht und neues Schuldrecht, in: Dauner-Lieb/Konzen/Schmidt, Das neue Schuldrecht in der Praxis, 2003, 71 ff.;

Schlechtriem, Internationales UN-Kaufrecht, 4. Aufl. 2007;

Schlechtriem/Schwenzer (Hrsg.), Kommentar zum Einheitlichen UN-Kaufrecht – CISG –, 4. Aufl. 2004;

Schluchter, Die Gültigkeit von Kaufverträgen unter dem UN-Kaufrecht, 1996;

Schröter, UN-Kaufrecht und Europäisches Gemeinschaftsrecht, 2005;

Schwenzer, Das UN-Abkommen zum internationalen Warenkauf, NJW 1990, 602 ff.;

Stadler, Internationale Lieferverträge: UN-Kaufrecht – CISG, 2007;

Stern, Erklärungen im UNCITRAL-Kaufrecht, 1990;

Verweyen/Foerster/Toufar, Handbuch des internationalen Warenkaufs, UN-Kaufrecht (CISG), 2008;

Vida, Keine Anwendung des UN-Kaufrechtsübereinkommens bei Übertragung des Geschäftsanteils einer GmbH, IPRax 1995, 52 ff.;

Westermann H. P., Wiener Übereinkommen über Verträge über den internationalen Warenkauf (CISG) in: Münchener Kommentar zum Bürgerlichen Gesetzbuch, Band 3, 5. Aufl. 2008;

Witz/Salger/Lorenz, International Einheitliches Kaufrecht, Praktiker-Kommentar und Vertragsgestaltung zum CISG, 2000.

Übersicht der erörterten Rechtsprechung
- Verweisungen beziehen sich auf die laufende Nummer im Text -

Deutschland

BGH v. 30.4.2003 (III ZR 237/02)..................33
BGH v. 2.10.2002 (VIII ZR 163/01)..................39
BGH v. 9.1.2002 (VIII ZR 304/00)..................56
BGH v. 7.11.2001 (VIII ZR 263/00)..................203
BGH v. 31.10.2001 (VIII ZR 60/01)..................82
BGH v. 3.11.1999 (VIII ZR 287/98)..................146
BGH v. 24.3.1999 (VIII ZR 121/98)..................265
BGH v. 25.11.1998 (VIII ZR 259/97)..................152
BGH v. 23.7.1997 (VIII ZR 134/96)..................245
BGH v. 25.6.1997 (VIII ZR 300/96)..................151
BGH v. 11.12.1996 (VIII ZR 154/95)..................115
BGH v. 4.12.1996 (VIII ZR 306/95)..................29
BGH v. 3.4.1996 (VIII ZR 51/95)..................105
BGH v. 8.3.1995 (VIII ZR 159/94)..................130
BGH v. 15.2.1995 (VIII ZR 18/94)..................240
OLG Dresden v. 8.11.2007 (9 U 68/07)..................138
OLG Dresden v. 18.1.2007 (9 U 1218/06)..................174
OLG Düsseldorf v. 25.7.2003 (I-17 U 22/03)..................60
OLG Düsseldorf v. 28.5.2004 (I-17 U 20/02)..................284
OLG Düsseldorf v. 21.4.2004 (I-15 U 88/03)..................102
OLG Düsseldorf v. 23.1.2004 (I-17 U 110/02)..................142
OLG Frankfurt v. 17.9.1991 (5 U 164/90)..................103
OLG Karlsruhe v. 14.2.2008 (9 U 46/07)..................288
OLG Karlsruhe v. 10.12.2003 (7 U 40/02)..................95
OLG Karlsruhe v. 19.12.2002 (19 U 8/02)..................293
OLG Koblenz v. 4.10.2002 (8 U 1909/01)..................86
OLG Köln v. 19.5.2008 (16 U 62/07)..................283
OLG Köln v. 16.7.2001 (16 U 22/01)..................62
OLG Köln v. 28.5.2001 (16 U 1/01)..................32
OLG München v. 5.3.2008 (6 U 4969/06)..................273
OLG München v. 13.11.2002 (27 U 346/02)..................123
OLG Oldenburg v. 5.12.2000 (12 U 40/00)..................168
OLG Oldenburg v. 28.4.2000 (13 U 5/00)..................158
OLG Rostock v. 15.9.2003 (3 U 19/03)..................118
OLG Rostock v. 10.10.2001 (6 U 126/00)..................26

OLG Saarbrücken v. 14.2.2001 (1 U 324/99-59) 40
OLG Schleswig-Holstein v. 29.10.2002 (3 U 54/01) 232
OLG Schleswig-Holstein v. 22.8.2002 (11 U 40/01) 298
OLG Stuttgart v. 31.3.2008 (6 U 220/07) 27
OLG Stuttgart v. 12.3.2001 (5 U 216/99) 291
OLG Stuttgart v. 28.2.2000 (5 U 118/99) 10
OLG Zweibrücken v. 2.2.2004 (7 U 4/03) 18, 164
OLG Zweibrücken v. 26.7.2002 (2 U 27/01) 148
LG Bielefeld v. 12.12.2003 (15O50/03) 299
LG Bielefeld v. 15.8.2003 (15 O 5/03) 161
LG Braunschweig v. 30.7.2001 (21 O 703/01) 258
LG Darmstadt 29.5.2001 (4 O 101/00) 156
LG Darmstadt v. 9.5.2000 (10 O 72/00) 172
LG Frankenthal v. 14.11.2002 (2 HK O 165/01) 18
LG Flensburg v. 19.1.2001 (4 O 369/99) 298
LG Freiburg v. 22.8.2002 (8 O 75/02) 184
LG Gießen v. 17.12.2002 (6 O 23/02) 204
LG Göttingen v. 20.9.2002 (7 O 43/01) 218
LG Hamburg v. 26.11.2003 (411 O 99/02) 275
LG Hamburg v. 31.1.2001 (411 O 11/00) 213
LG Heidelberg v. 3.7.1992 (O 42/92) 186
LG Mönchengladbach v. 15.7.2003 (7 O 221/02) 57
LG München v. 27.2.2002 (5 HKO 3936/00) 127
LG München v. 20.2.2002 (10 O 5423/01) 208
LG München v. 30.8.2001 (12 HK O 5593/01) 251
LG München v. 16.11.2000 (12 HK O 3804/00) 43
LG Nürnberg-Fürth v. 27.2.2003 (1 HKO 10820/01) 202
LG Saarbrücken v. 2.7.2002 (8 O 49/02) 169
LG Saarbrücken v. 25.11.2002 (8 O 68/02) 270
LG Stuttgart v. 4.6.2002 (15 O 179/01) 190
LG Trier v. 28.6.2001 (7 HK O 178/00) 156
LG Trier v. 29.3.2001 (7 HK O 204/99) 149
LG Tübingen v. 18.6.2003 (21 O 11/03) 121

Schweiz

Bundesgericht v. 13.11.2003 (4C. 198/2003) 159
Bundesgericht v. 4.8.2003 (4C. 103/2003/lma) 75
Bundesgericht v. 22.12.2000 (4C. 296/2000) 63
Bundesgericht v. 28.10.1998 (4C. 179/1998) 254
Bundesgericht v. 18.1.1996 201

Handelsgericht Aargau v. 5.11.2002 (OR. 2001/00029) 101
Handelsgericht Bern v. 17.1.2002 (Nr. 8805 FEMA) 55
Handelsgericht St. Gallen v. 11.2.2003 (HG.2001.11-HGK) 210
Handelsgericht St. Gallen v. 3.12.2002 (HG.1999.82-HGK) 266
Handelsgericht Zürich v. 9.7.2002 (HG 000120/U/zs) 46
Handelsgericht Zürich v. 17.2.2000 (HG 980472) 45
Kantonsgericht Appenzell v. 10.3.2003 (433/02) 182
Kantonsgericht Schaffhausen v. 25.2.2002 (12/1997/322) 114
Kantonsgericht Zug v. 12.12.2002 (A3/2001/34) 259
Obergericht Luzern v. 29.7.2002 (11/01/125) 163

Österreich

OGH v. 4.7.2007 (2 Ob 95/06v) 25
OGH v. 19.4.2007 (6 Ob 56/07i) 130
OGH v. 27.2.2003 (2 Ob 48/02a) 129
OGH v. 14.1.2002 (7 Ob 301/01t) 145
OGH v. 13.9.2001 (6 Ob 73/01f) 87
OGH v. 5.7.2001 (6 Ob 117/01a) 180
OGH v. 28.4.2000 (1 Ob 292/99v) 217
OGH v. 13.4.2000 (2 Ob 100/00w) 128
OGH v. 21.3.2000 (10 Ob 344/99g) 65
OGH v. 9.3.2000 (6 Ob 311/99z) 54
OGH v. 27.8.1999 (1 Ob 223/99x) 147
OGH v. 29.6.1999 (1 Ob 74/99k) 289
OGH v. 30.6.1998 (1 Ob 273/97x) 107
OGH v. 10.3.1998 (7 Ob 336/97f) 205
OGH v. 12.2.1998 (2 Ob 328/97t) 234
OGH v. 11.9.1997 (6 Ob 187/97m) 219
OGH v. 18.6.1997 (3Ob 512/96) 80
OGH v. 20.3.1997 (2 Ob 58/97m) 88
OGH v. 11.2.1997 (10 Ob 1506/94) 37
OGH v. 27.10.1994 (8 Ob 509/93) 44
OGH v. 10.11.1994 (2 Ob 547/93) 73
OLG Graz v. 24.1.2002 (4 R219/01k) 267
OLG Graz v. 24.1.2001 (4 R 125/00k) 173

Grundlagen

1. Unter welchen Bezeichnungen ist das sog. „Internationale UN-Kaufrecht" geläufig?

Das Internationale UN-Kaufrecht meint das Übereinkommen der Vereinten Nationen über Verträge über den internationalen Warenkauf vom 11. April 1980 = United Nations Convention on Contracts for the International Sale of Goods; übliche Kurzbezeichnungen sind UN-Kaufrecht, Wiener Kaufrecht oder CISG.

2. Können Sie in einem Satz beschreiben, was das UN-Kaufrecht ist?

Das UN-Kaufrecht ist ein internationales Übereinkommen, das das materielle Kaufrecht für grenzüberschreitende Warenkäufe enthält und grundsätzlich zur Anwendung kommt, wenn die Heimatstaaten der Vertragspartner dem Übereinkommen beigetreten sind.

3. Seit wann gibt es Tendenzen, das Kaufrecht international zu vereinheitlichen?

1928 schlug *Ernst Rabel* als Präsident des Internationalen Instituts für die Vereinheitlichung des Rechts vor, das Recht der grenzüberschreitenden Warenkäufe international zu vereinheitlichen. *Rabel* wird als „mastermind behind the draft Uniform International Sales Law" bezeichnet.

4. Gibt es historische Vorläufer zum UN-Kaufrecht?

Ja. 1964 wurden die sog. Haager Kaufgesetze beschlossen: Das Einheitliche Gesetz über den Internationalen Warenkauf beweglicher Sachen (EKG) und das Einheitliche Gesetz über den Abschluss von Internationalen Kaufverträgen über bewegliche Sachen (EAG). Der Erfolg dieser Gesetze war gering, da sie nur wenige Staaten (darunter auch Deutschland) ratifizierten und international wenig akzeptiert wurden.

5. Was bedeutet UNCITRAL?

United Nations Commission on International Trade Law; UNCITRAL ist eine von den Vereinten Nationen als ständiger Ausschuss eingesetzte Kommission, die das UN-Kaufrecht auf der Basis der Haager Kaufgesetze erarbeitet hat.

6. Wie ist das UN-Kaufrecht aufgebaut?

Das UN-Kaufrecht ist in vier Teile gegliedert und sehr klar strukturiert. Teil I regelt insbesondere den Anwendungsbereich und die Anwendungsvoraussetzungen, Teil II enthält die für den Abschluss des Vertrages maßgeblichen Vorschriften und Teil III befasst sich mit dem eigentlichen Kaufrecht, d. h. mit den Rechten und Pflichten der Kaufvertragspartner; Teil IV normiert völkerrechtliche Schlussklauseln.

Teil I des UN-Kaufrechts

I. Anwendbarkeit des UN-Kaufrechts

7. Welche Rolle spielt der Ort der Niederlassung der Vertragspartner eines Kaufvertrags für die Anwendbarkeit des UN-Kaufrechts?

   Damit das UN-Kaufrecht anwendbar ist, müssen die Kaufvertragspartner ihre jeweilige Niederlassung in verschiedenen Staaten haben. Erfasst werden damit nur grenzüberschreitende Kaufverträge (Art. 1 Abs. 1 CISG). Die Grenzüberschreitung muss allerdings hinreichend erkennbar sein, entweder aus dem Vertrag, aus den Vertragsverhandlungen oder aus sonstwie erteilten Auskünften (Art. 1 Abs. 2 CISG).

8. Ist das UN-Kaufrecht nicht anwendbar, wenn eine Kaufvertragspartei keine Niederlassung hat, wie etwa natürliche Personen?

   Doch. Das UN-Kaufrecht kann auch Fälle erfassen und regeln, bei denen eine oder beide Parteien keine Niederlassung haben. Abgestellt wird dann auf den gewöhnlichen Aufenthalt dieser Vertragspartei (Art. 10 lit. b) CISG).

9. Wie wirkt es sich auf die Anwendbarkeit des UN-Kaufrechts aus, wenn eine Vertragspartei mehr als eine Niederlassung hat?

   Im Falle von mehr als einer Niederlassung wird auf diejenige abgestellt, die bei oder vor Vertragsschluss die engste Verbindung zu dem Vertrag und seiner Erfüllung hat (Art. 10 lit. a) CISG).

10. Der deutsche Hersteller von Bodenbelägen exportierte den Turnhallen-Bodenbelag „Sportfloor" nach Spanien und war dort durch eine eigene Tochtergesellschaft vertreten. Der spanische Unternehmer kaufte Sportfloor und richtete dabei Anfragen meist an die Gesellschaft in Spanien. Die Ware und die Rechnungen wurden unmittelbar vom deutschen Hersteller an den Käufer geschickt. Der Käufer zahlte teilweise an den deutschen

Hersteller, teilweise auf dessen Geheiß an die Tochtergesellschaft in Spanien. Später stritten die Parteien über ihre Rechte und Pflichten aus dem Kaufvertrag. War das UN-Kaufrecht anwendbar?

Ja (OLG Stuttgart v. 28.2.2000 (5 U 118/99) - IHR 2001, 65 ff.; CISG-online Nr. 583). Anwendungsvoraussetzung dafür, dass der Kaufvertrag dem UN-Kaufrecht unterfiel, war zunächst, dass die Parteien ihre Niederlassungen in verschiedenen Vertragsstaaten hatten. Hat eine Partei mehrere Niederlassungen, ist diejenige maßgebend, die zum Vertrag und seiner Erfüllung die engste Verbindung aufweist (Art. 10 lit. a) CISG). Es kommt also nicht stets auf die Hauptniederlassung an. Soweit die spanische Tochtergesellschaft als Niederlassung des Verkäufers anzusehen war, hatte der deutsche Hersteller trotzdem die engere Beziehung zum Vertrag. Denn der Warenversand und die Rechnungsabwicklung erfolgten über den deutschen Hersteller. Es war daher auf die Niederlassung des Käufers in Spanien und auf die Niederlassung des Verkäufers in Deutschland abzustellen. Das UN-Kaufrecht war anwendbar.

11. Was ist unter dem Begriff „unmittelbare" oder „autonome" Anwendbarkeit des UN-Kaufrechts zu verstehen?

Das UN-Kaufrecht ist auf einen Kaufvertrag „unmittelbar" oder „autonom" anwendbar, wenn die Vertragsparteien ihre Niederlassungen in verschiedenen Staaten haben und diese Staaten Vertragsstaaten des Übereinkommens sind (Art. 1 Abs. 1 lit. a) CISG).

12. Ist Deutschland Vertragsstaat des UN-Kaufrechts?

Ja. Deutschland ist dem Übereinkommen mit Wirkung zum 1.1.1991 beigetreten.

13. Kommt die unmittelbare/autonome Anwendbarkeit des UN-Kaufrechts in der Praxis oft vor?

Ja, denn die Zahl der Vertragsstaaten wächst kontinuierlich und erreichte im Jahr 2008 die Zahl 71. Fast alle wichtigen Handelsnationen (bspw. USA, China, Russland, Indien, Japan und fast alle EU-Staaten) haben das UN-Kaufrecht ratifiziert. Allerdings gibt es auch noch (wenige) wirtschaftlich bedeutende Staaten, die dem Übereinkommen nicht beigetreten sind, wie etwa Großbritannien und Portugal.

14. Wie kann man herausfinden, ob ein Staat Vertragsstaat ist?

Den Beitrittsstand kann man bspw. der Web-Seite von UNCITRAL entnehmen: www.uncitral.org („International Sale of Goods" und dann „Status").

15. Was bedeutet unmittelbare/autonome Anwendbarkeit am Beispiel?

Beispiel: Ein grenzüberschreitender Kaufvertrag zwischen Vertragsparteien mit Sitz in Deutschland und Italien unterfällt grundsätzlich der Anwendbarkeit des UN-Kaufrechts, weil Deutschland und Italien Vertragsstaaten sind.

16. Was ist unter dem Begriff „kollisionsrechtliche" oder „mittelbare" Anwendbarkeit des UN-Kaufrechts zu verstehen?

Das UN-Kaufrecht kann auf einen Kaufvertrag „kollisionsrechtlich" („mittelbar") anwendbar sein, wenn die Kaufvertragsparteien ihre Niederlassungen zwar in verschiedenen Staaten haben, von denen aber nur einer oder u. U. keiner ein Vertragsstaat des Übereinkommens ist. Verweist das anwendbare Kollisionsrecht (das Internationale Privatrecht) dann aber auf das Recht eines Vertragsstaats, findet das UN-Kaufrecht auf den Kaufvertrag gleichwohl Anwendung (Art. 1 Abs. 1 lit. b) CISG). Über diese kollisionsrechtliche Anwendbarkeit wird die Anzahl der Fälle, die vom UN-Kaufrecht geregelt werden, enorm vergrößert.

17. Was bedeutet die kollisionsrechtliche Anwendbarkeit am Beispiel?

Beispiel: Ein grenzüberschreitender Kaufvertrag zwischen Vertragsparteien mit Sitz in Deutschland und Portugal unterfällt nicht der unmittelbaren Anwendbarkeit des UN-Kaufrechts, weil zwar Deutschland, nicht aber Portugal Vertragsstaat ist. Verweist aber das anwendbare Internationale Privatrecht auf das Recht Deutschlands (etwa weil der Verkäufer als Erbringer der charakteristischen Leistung seinen Sitz in Deutschland hat – vgl. Art. 28 Abs. 2 EGBGB) ist der Anwendungsbereich für das UN-Kaufrecht insoweit eröffnet.

18. Die kollisionsrechtliche Anwendbarkeit des UN-Kaufrechts ist relativ kompliziert, weil sie mit den Regelungen des Internationalen Privatrechts verzahnt ist. Sind deutsche Gerichts insoweit „sattelfest"?

    Auch Gerichte machen Fehler. Das LG Frankenthal beurteilte am 14.11.2002 (2 HK O 165/01) - CISG-online Nr. 908) den Fall, bei dem der deutsche Maschinenhändler an den iranischen Unternehmer eine Getreidemühle „Qualität Made in Germany" für 500.000 € verkauft hatte. Nach deren Transport per LKW in den Iran, reklamierte der Käufer, dass die Mühle kein deutsches, sondern ein minderwertiges, teilweise russisches, teilweise türkisches Produkt war. Die gelieferte Anlage war daher etwa nur 1/5 des vereinbarten Kaufpreises wert. Der Käufer wollte kaufrechtliche Ansprüche geltend machen. Das LG Frankenthal entschied: Der Iran sei kein Vertragsstaat des UN-Kaufrecht-Übereinkommens. Daher sei nicht dieses, sondern über Art. 28 Abs. 2 EGBGB Verkäuferrecht und so die §§ 433 ff. BGB und §§ 373 ff. HGB anzuwenden. Das Gericht übersah, dass auf den Kaufvertrag nach Art. 1 Abs. 1 lit. b) CISG das UN-Kaufrecht anzuwenden war. Denn das deutsche Internationale Privatrecht verweist über Art. 28 Abs. 2 EGBGB auf das deutsche und damit auf das Recht eines Vertragsstaats. Die Folgeinstanz hat das Urteil insoweit korrigiert und das UN-Kaufrecht angewendet (vgl. OLG Zweibrücken v. 2.2.2004 (7 U 4/03) - CISG-online Nr. 877).

19. Gilt die kollisionsrechtliche Anwendbarkeit des UN-Kaufrechts in allen Vertragsstaaten des Übereinkommens?

    Nein. Art. 95 CISG gestattet den Vertragsstaaten, den Vorbehalt zu erklären, dass Art. 1 Abs. 1 lit. b) CISG für sie nicht verbindlich ist. Hiervon haben etwa die USA und China Gebrauch gemacht. Beispiel: Ein grenzüberschreitender Kaufvertrag zwischen Vertragsparteien mit Sitz in den USA und Portugal unterfällt nicht der unmittelbaren Anwendbarkeit des UN-Kaufrechts, weil zwar die USA, nicht aber Portugal Vertragsstaat ist. Verweist das anwendbare Internationale Privatrecht auf das Recht der USA, wird zwar auf das Recht eines Vertragsstaats verwiesen. Trotzdem wäre das UN-Kaufrecht jedoch nicht anwendbar, da die USA bei der Ratifizierung erklärt haben, dass Art. 1 Abs. 1 lit. b) CISG für sie nicht gilt. Es würde also anstelle des UN-Kaufrechts (nicht vereinheitlichtes) US-amerikanisches Kaufrecht gelten.

20. Welche Rolle spielt es für die Anwendbarkeit des UN-Kaufrechts, welche Staatsangehörigkeit die Vertragspartner haben, ob sie Kaufleute sind oder ob es sich um einen handelsrechtlichen oder bürgerlichrechtlichen Kauf handelt?

Diese Aspekte spielen keine Rolle (Art. 1 Abs. 3 CISG). Hierin liegt ein großer Vorteil des UN-Kaufrechts, denn es erübrigen sich die Überlegungen, welche Staatsangehörigkeit die Parteien haben, ob sie Kaufleute sind oder nicht und welche Art von Kauf vorliegt. Damit erübrigt sich auch die etwaige (kollisionsrechtliche) Vorprüfung, nach dem Recht welchen Staates solche Überlegungen anzustellen wären.

II. Parteiautonomie

21. Kann die Geltung des UN-Kaufrechts durch Parteivereinbarung ausgeschlossen werden?

Ja, es handelt sich um das sog. „Opting out". Auch im Bereich des UN-Kaufrechts gilt der Grundsatz der Parteiautonomie. Art. 6 CISG gestattet die vollständige Abbedingung der Regelungen des UN-Kaufrechts. Welches Kaufrecht dann gilt, muss über die Regeln des Internationalen Privatrechts ermittelt werden.

22. Wie kann die Geltung des UN-Kaufrechts ausgeschlossen werden?

Die Abwahl des UN-Kaufrechts erfolgt durch Einigung der Vertragsparteien. Die Parteien können die Abwahl entweder durch (positive) Wahl einer anderen Rechtsordnung zum Ausdruck bringen oder auch die Geltung des UN-Kaufrechts (negativ) ausschließen. Die Wahl sollte am besten ausdrücklich vorgenommen werden, etwa durch Formulierungen wie: „Dieser Vertrag unterliegt dem Recht der Schweiz unter Ausschluss des UN-Kaufrechts." oder „Das UN-Kaufrecht gilt nicht für diesen Vertrag.".

23. Führt die ausdrückliche Wahl der Geltung des Rechts eines Vertragsstaats (ohne Erwähnung des UN-Kaufrechts) dazu, dass das UN-Kaufrecht nicht anwendbar ist?

Nein (BGH NJW 1997, 3309, 3310; NJW 1999, 1259, 1260). Wird vereinbart, dass das Recht eines Vertragsstaates den Kaufvertrag regeln soll, findet das UN-Kaufrecht auf den Kaufvertrag Anwendung. Denn das UN-Kaufrecht zählt ebenfalls zu dem gewählten Recht des Vertragsstaats und ist dessen innerstaatliches Recht (für Deutschland vgl. Art. 3 Abs. 2 EGBGB). Die Rechtswahl ist auch nicht etwa überflüssig, da sie klarstellt, dass Bereiche, die vom UN-Kaufrecht nicht geregelt werden (bspw. Verjährung oder Abtretung), dem gewählten (nicht vereinheitlichtem) Recht unterliegen.

24. Kann die Geltung des UN-Kaufrechts auch stillschweigend ausgeschlossen werden?

Ja. Eine konkludente Abwahl des UN-Kaufrechts ist möglich, soweit ein entsprechender Parteiwille – etwa durch Indizien – hinreichend deutlich zum Ausdruck kommt. Die Gerichte sind allerdings bei der Annahme eines stillschweigenden Ausschlusses des UN-Kaufrechts oft wenig großzügig.

25. Führt die Vereinbarung bestimmter, namentlich genannter Gesetze als rechtliche Grundlage für Gewährleistungsansprüche dazu, dass das UN-Kaufrecht nicht anwendbar ist?

Ja (OG Österreich v. 4.7.2007 (2 Ob 95/06v) – IHR 2007, 237 ff.; CISG-online Nr. 1560). Die relevante, in AGB enthaltene Klausel lautete: „*Der Verkäufer leistet Käufern, die Verbraucher im Sinne des Konsumentenschutzgesetzes sind, Gewähr im Sinne der hierfür bestehenden gesetzlichen Vorschriften. Für Kaufleute sind die gewährleistungsrechtlichen Bestimmungen des HGB anzuwenden.*". Durch diese Vereinbarung hatten die Parteien stillschweigend die Geltung des UN-Kaufrechts abbedungen (Art. 6 CISG). Denn sie brachten durch die Klausel ihren Willen zum Ausdruck, dass ein bestimmtes nationales Recht – nämlich das österreichische – abseits des UN-Kaufrechts gelten sollte. Jedenfalls im Bereich der Gewährleistung war das UN-Kaufrecht damit ausgeschlossen.

26. Der deutsche Importeur kaufte vom französischen Exporteur Tiefkühlkost. Eine Rechtswahlklausel enthielt der Vertrag nicht. Im Rahmen einer Diskussion über Qualitätsmängel verhandelten die Parteien unter Bezugnahme auf die §§ 371 ff. HGB und die dort verwendeten Termini des Handelskaufs i. S. d. HGB. War das UN-Kaufrecht anwendbar?

Ja (OLG Rostock v. 10.10.2001 (6 U 126/00) – CISG-online Nr. 671). Die Vertragsparteien hatten ihre Niederlassungen jeweils in Vertragsstaaten, so dass das UN-Kaufrecht grundsätzlich Anwendung fand (Art. 1 Abs. 1 lit. a) CISG). Nach Art. 6 CISG konnten die Parteien die Anwendung des UN-Kaufrechts aber ausschließen oder davon abweichen. Durch die Benennung der Vorschriften aus dem HGB hatten sie eine stillschweigende Rechtswahl dahin getroffen, dass deutsches Recht und nicht der französische Code Civil anzuwenden war. Auch das UN-Kaufrecht ist aber unmittelbar geltendes deutsches Recht. Sein Ausschluss kann nur angenommen werden, wenn die Vertragsparteien dies eindeutig zum Ausdruck bringen, etwa durch die Regelung: „Es gilt das Kaufrecht des BGB/HGB". Das Verhandeln unter Bezugnahme auf die §§ 377 ff. HGB reichte insoweit nicht, da es in der Meinung erfolgen kann, die Regeln seien ohnehin anzuwenden. Das UN-Kaufrecht war daher anwendbar.

27. Die lettische Gesellschaft kaufte vom deutschen Autohändler einen PKW für 11.500 €. Es war vereinbart, dass das Fahrzeug keine Lackschäden aufweisen sollte. Der Kaufvertrag enthielt die Vereinbarung des Gerichtsstands am Sitz des deutschen Verkäufers. Nachdem sich Nachlackierungen am Auto herausgestellt hatten, verhandelten die Parteien über Gewährleistungsfragen. War das UN-Kaufrecht anwendbar?

    Ja (OLG Stuttgart v. 31.3.2008 (6 U 220/07) – CISG-online Nr. 1658). Aus der Bestimmung des Gerichtsstands in Deutschland konnte nicht geschlossen werden, dass das CISG keine Anwendung findet. Zwar kann das UN-Kaufrecht auch konkludent ausgeschlossen werden und kann die Gerichtsstandsvereinbarung häufig ein Indiz sein, dass das Recht des Staates Anwendung finden soll, dessen Gerichte einen Rechtsstreit entscheiden sollen. Denn die Anwendung eines dem Gericht fremden Rechts ist häufig zeitaufwendig und teuer. Dies liegt aber bei dem UN-Kaufrecht als deutsches, innerstaatliches Recht (vgl. Art. 3 Abs. 2 EGBGB) nicht vor. Allenfalls die Wahl eines Gerichtsstands in einem Nichtmitgliedstaat kann zur Abbedingung des CISG führen. Solch ein Fall lag aber nicht vor.

28. Können die Regelungen des UN-Kaufrechts durch Parteivereinbarung teilweise (!) ausgeschlossen oder abgeändert werden?

    Ja. Ausfluss der Vertragsfreiheit ist auch, dass die Parteien von den Regeln des UN-Kaufrechts abweichen können, ohne die grundsätzliche Geltung in Frage zu stellen (Art. 6 CISG). In der Praxis wird dies oft durch die Vereinbarung von Handelsklauseln wie den INCOTERMS vorgenommen (vgl. näher *Piltz*, RIW 2000, 485 ff.).

29. Der österreichische Käufer bestellte beim deutschen Software-Unternehmen das Computer-Drucksystem „dynamic page printer" zum Preis von 32.000 €. Hinsichtlich der Gewährleistung enthielt der Vertrag die Regelung: „Die Gewährleistung beträgt 6 Monate und beginnt mit mängelfreier Funktion der Anlage. Sofern später Störungen auftreten, soll der Käufer dies dem Verkäufer unverzüglich schriftlich anzeigen." Bereits am Tag nach der Installation machte der Käufer beim Verkäufer schrift-

lich diverse Mängel geltend. Da diese nicht behoben wurden, erklärte der Käufer den Rücktritt vom Vertrag. Konnten die Parteien von den Gewährleistungsvorschriften des UN-Kaufrechts abweichen?

Ja (BGH v. 4.12.1996 (VIII ZR 306/95) - NJW-RR 1997, 690; WiB 1997, 602; CISG-online Nr. 260). Das UN-Kaufrecht enthält ein System der Mangelgewährleistung. Davon kann aber durch Vertrag abgewichen werden. Der Vertrag hat dann Vorrang vor den Bestimmungen des Abkommens, vgl. Art. 6 CISG. Nach dem UN-Kaufrecht muss die Ware innerhalb einer so kurzen Frist auf Mängel untersucht werden, wie es die Umstände erlauben, Art. 38 Abs. 1 CISG. Der Mangel muss sodann binnen einer angemessenen Frist dem Käufer angezeigt werden, Art. 39 Abs. 1 CISG. Einer besonderen Form bedarf diese Anzeige nicht. Hiervon wich der Vertrag insoweit ab, als Störungen unverzüglich und schriftlich anzuzeigen waren. Diese Gestaltung der Gewährleistungsregeln war zulässig. Der Käufer hatte diese vertraglichen Vorgaben, die vom UN-Kaufrecht abwichen, eingehalten und konnte sich insoweit auf den Mangel der Kaufsache berufen.

30. Kann die Geltung des UN-Kaufrechts vereinbart werden, wenn die Anwendungsvoraussetzungen an sich nicht erfüllt sind?

Ja, es handelt sich um das sog. „Opting in". Es ist möglich, die Geltung des UN-Kaufrechts durch Vereinbarung festzulegen, etwa wenn es sich nicht um einen grenzüberschreitenden Kaufvertrag handelt; dies gilt jedenfalls für die deutsch-rechtliche Perspektive. Die Zulässigkeit einer solchen Vereinbarung ergibt sich nämlich nicht aus den Regeln des UN-Kaufrechts, sondern aus dem für den Vertrag geltenden Recht.

III. Sachlicher Anwendungsbereich

31. Welches ist der sachliche Anwendungsbereich des UN-Kaufrechts?

In sachlicher Hinsicht regelt das UN-Kaufrecht *Kaufverträge*, also Austauschverträge mit dem Inhalt: Ware gegen Geld (Art.

1 Abs. 1 CISG). Keine Kaufverträge sind etwa Tauschverträge im Rahmen von Kompensationsgeschäften (bspw. Stahl gegen Weizen oder Braunkohle gegen Bananen). Solche Kompensationsgeschäfte waren insbesondere unter den früheren Ostblockstaaten üblich.

32. Der italienische Hersteller für Ledermoden schloss mit dem deutschen Großhändler für Motorradkleidung eine Vertriebsvereinbarung. Nach dieser wurden Lederkombinationen an den Großhändler geliefert; der Großhändler sollte die Ware zu einem vom Hersteller festgelegten Preis verkaufen, das Geld erst danach abführen und als Vergütung 16,5 % vom Verkaufspreis behalten. Der Hersteller und der Großhändler verwendeten insoweit mehrfach den Begriff des Kommissionsgeschäfts. Später stritten die Parteien über die rechtliche Ausgestaltung ihrer Vertragsbeziehung. War das UN-Kaufrecht anwendbar?

Ja (OLG Köln v. 28.5.2001 (16 U 1/01) - IHR 2002, 21 ff.; CISG-online Nr. 681). Nach Art. 1 Abs. 1 CISG gilt das UN-Kaufrecht für Kaufverträge, nicht aber für Kommissionsgeschäfte. Für letztere sind u. U. die §§ 383 ff. HGB heranzuziehen. Die Einordnung der Geschäfte als Kaufverträge oder Kommissionsgeschäfte ist eine reine Rechtsfrage. Die Verwendung von Begriffen durch die Beteiligten spielt dabei keine Rolle. Entscheidende Kennzeichen für eine „echte" Kommission sind der Verkauf für Rechnung eines anderen und die den Verkäufer treffende Rechenschaftspflicht (vgl. § 384 Abs. 2 HGB). Da der Großhändler die jeweiligen Kaufpreise selbst vereinnahmen und nur sporadisch an den Hersteller berichten sollte, waren die Geschäfte nicht als Kommissionsgeschäfte, sondern als Kaufverträge einzuordnen. Das UN-Kaufrecht war anwendbar.

33. Der deutsche Gurkenbauer war Mitglied in einer niederländischen Genossenschaft für den Absatz von Gemüse. Diese Genossenschaft war ihrerseits Mitglied einer niederländischen Vertriebsorganisation. Die Vertriebsorganisation wog, klassifizierte und verkaufte bzw. versteigerte die Ware und erhielt dafür eine Provision. Nach einigen Streitigkeiten warf der deutsche Gurkenanbauer der Vertriebsorganisation vor, sie habe seine Gur-

ken zu Unrecht in eine schlechte Qualitätsklasse eingeordnet; außerdem habe sie 100 Tonnen Gurken zu wenig abgerechnet. War das UN-Kaufrecht Grundlage für etwaige Ansprüche des Gurkenbauers gegen die Vertriebsorganisation?

Nein (BGH v. 30.4.2003 (III ZR 237/02) - CISG-online Nr. 790; OLG Düsseldorf v. 19.6.2002 (I – 15 U 211/01) - CISG-online Nr. 849). Das UN-Kaufrecht gilt für Kaufverträge. Die genossenschaftliche Bindung des Gurkenbauers und der Vertriebsorganisation stellte sich demgegenüber nicht als eine Käufer-Verkäufer Beziehung dar; außerdem erhielt die Vertriebsorganisation für ihre Vertriebstätigkeit eine Provision, was für einen Kaufvertrag untypisch ist. Das UN-Kaufrecht war nicht anwendbar.

34. Was zum Beispiel sind Waren i. S. d. UN-Kaufrechts?

Beispiele aus der Rechtsprechung sind: Maschinen, Nahrungsmittel (bspw. Muscheln, Gurken, Käse, Marzipan aus Lübeck, Tofu-Pulver), Schuhe, Ferraris, Flugzeugmotoren, Pizza-Kartons, Turnhallen-Bodenbeläge, Ketchup-Flaschen, Speiseeis-Roboter, Chinchilla-Pelze, Pferde und sogar Zirkuselefanten.

35. Was zum Beispiel sind Kaufgegenstände, die nicht Waren i. S. d. UN-Kaufrechts sind?

Waren sind bewegliche Sachen. Hierunter fallen zum einen nicht Immobilien und zum anderen nicht Rechte; somit findet das UN-Kaufrecht keine Anwendung auf Kaufverträge über Immaterialgüterrechte (bspw. Patente, Muster, Urheberrechte), Forderungen und Gesellschaftsanteile.

36. Gilt das UN-Kaufrecht für Kaufverträge über Waren zum privaten Gebrauch?

Nein. Um Spannungen mit den nationalen Verbrauchsgüterkaufrechten zu vermeiden, ist das UN-Kaufrecht nicht anwendbar auf den Kauf von Ware für den persönlichen Gebrauch oder Gebrauch in der Familie oder im Haushalt (Art. 2 lit. a) CISG).

Allerdings kann ein Kaufvertrag, der zu privaten Zwecken abgeschlossen wird, dann nach dem UN-Kaufrecht zu beurteilen sein, wenn der private Zweck für die andere Partei nicht erkennbar ist (Art. 2 lit. a) a. E. CISG).

37. Der schweizerische Geschäftsmann kaufte vom österreichischen Lamborghini-Generalimporteur ein Jubiläumsmodell des Lamborghini Countach für 130.000 €. Der Generalimporteur verweigerte aber die Lieferung des Autos in die Schweiz, weil er nach den Vorgaben von Lamborghini nicht in das Ausland liefern durfte. Der Käufer erwarb daraufhin das gewünschte Modell über Zwischenhändler in Kanada und Katar für 270.000 €; dann verlangte er vom österreichischen Generalimporteur die Differenz zum ursprünglich vereinbarten Preis als Schadensersatz. War das UN-Kaufrecht anwendbar?

Nein (OGH Österreich v. 11.2.1997 (10 Ob 1506/94) - TranspR-IHR 1999, 52; CISG-online Nr. 298). Die Ansprüche des Käufers unterlagen nicht dem UN-Kaufrecht. Denn nach Art. 2 lit. a) CISG findet das Übereinkommen keine Anwendung auf den Kauf von Waren für den persönlichen Gebrauch, es sei denn, dass der Verkäufer vor oder bei Vertragsschluss weder wusste noch wissen musste, dass die Ware für einen solchen Gebrauch gekauft wurde. Der Käufer hatte den Lamborghini zu privaten Zwecken gekauft. *Anmerkung*: Nach dem OGH Österreich liegt die Beweislast dafür, dass der Verkäufer den privaten Zweck nicht kannte oder nicht kennen musste, beim Verkäufer. Hierfür spricht die Formulierung in Art. 2 lit. a) CISG. Nach anderer Ansicht liegt die Beweislast für das Vorliegen des Gegenausnahmetatbestandes bei demjenigen, der sich auf die Anwendbarkeit des UN-Kaufrechts beruft (vgl. Schlechtriem/Schwenzer/*Ferrari*, CISG-Kommentar, 4. Aufl. 2004, Art. 2 Rdn. 15 f.).

38. Welche Kaufverträge außer Privatkäufe werden von der Anwendbarkeit des UN-Kaufrechts auch ausgenommen?

Nach Art. 2 lit. b) bis lit. f) CISG ist das UN-Kaufrecht nicht anwendbar auf den Kauf bei Versteigerungen, aufgrund von

Zwangsvollstreckungsmaßnahmen, von Wertpapieren oder Zahlungsmitteln, von Schiffen und Flugzeugen und von Strom.

39. Der Landwirt vom Niederrhein führte regelmäßig Gemüseversteigerungen durch. Dabei erwarb der holländische Gemüsehändler Waren im Wert von 60.000 €. Da das Gemüse minderwertiger Qualität war, wollte der holländische Erwerber Gewährleistungsrechte nach dem UN-Kaufrecht (Art. 45 ff. CISG) geltend machen. Zu Recht?

Nein (BGH v. 2.10.2002 (VIII ZR 163/01) - IHR 2003, 28 ff.; CISG-online Nr. 700). Denn das UN-Kaufrecht ist auf Versteigerungen nicht anwendbar (Art. 2 lit. b) CISG). Dies gilt auch für private Versteigerungen. Tragender Gesichtspunkt ist, dass der Verkäufer bei Auktionen erst bei Zuschlag an den Meistbietenden und somit unvertretbar spät weiß, ob der Kauf dem UN-Kaufrecht unterliegt, oder nicht. Dies gilt auch für Online-Auktionen (z. B. über E-Bay). Der Erwerber konnte sich daher nicht auf die Rechte nach dem UN-Kaufrecht berufen.

40. Der deutsche Händler bestellte bei dem italienischen Hersteller einen Posten Fenster- und Türelemente. Die Waren mussten in einem aufwändigen Verfahren maßangefertigt werden. Als sich Mängel zeigten, kam es zum Streit über Gewährleistungsrechte. War das UN-Kaufrecht anwendbar?

Ja (OLG Saarbrücken v. 14.2.2001 (1 U 324/99-59) - IHR 2001, 61; CISG-online Nr. 610). Nach (nicht vereinheitlichtem) deutsch-rechtlichen Verständnis handelt es sich zwar nicht um einen reinen Kaufvertrag, sondern um einen Werklieferungsvertrag bzw. sog. Lieferkauf i. S. v. § 651 BGB. Art. 3 Abs. 1 CISG stellt diese den Kaufverträgen weitgehend gleich, wobei es nicht darauf ankommt, ob die herzustellende Ware vertretbar ist oder nicht; insoweit weicht Art. 3 CISG vom nicht vereinheitlichten deutschen § 651 BGB ab. Das UN-Kaufrecht war anwendbar.

41. Lieferkäufe sind Verträge, die die Lieferung herzustellender oder zu erzeugender beweglicher Sachen zum Gegenstand haben. Das BGB unterstellt diese in § 651 BGB weitgehend dem

Kaufrecht der §§ 433 ff. BGB. Gilt das UN-Kaufrecht ebenfalls stets für Lieferkäufe?

Nein, Art. 3 Abs. 1 CISG ist mit § 651 S. 1 BGB nicht identisch. Wenn der Besteller das Material teilweise selbst stellt und der Materialanteil, den der Besteller zur Herstellung der Ware dem Lieferanten zur Verfügung stellt, einen „wesentlichen Teil" ausmacht, ist das UN-Kaufrecht nicht anwendbar.

42. Es gibt Verträge, die neben kaufrechtlichen Aspekten auch eine Dienstleistungskomponente enthalten. Zu denken ist etwa an den Verkauf einer Industrieanlage, die montiert, In-Betrieb gesetzt und für die das Personal eingewiesen werden muss. Ist das UN-Kaufrecht auf solche sog. gemischte Verträge anwendbar?

Wenn der überwiegende Teil der Leistungen des „Verkäufers" auf Dienste oder Arbeiten entfällt, ist das UN-Kaufrecht nicht anwendbar (Art. 3 Abs. 2 CISG). Entscheidend sind die jeweiligen Wertverhältnisse der Leistungen.

43. Der deutsche Restaurantbetreiber bestellte bei dem italienischen Spezialunternehmen die Einrichtung für eine Pizzeria. Vereinbart war ein Gesamtpreis. Dafür mussten die Gegenstände teilweise entworfen und nach Maß angefertigt werden; teilweise waren es serienmäßige Möbel. Die Einrichtung musste von Italien in das Restaurant des Käufers transportiert und dort aufgebaut werden. Bald kam es zu einigen Streitigkeiten über Mängel. Waren die kaufrechtlichen Gewährleistungsrechte des UN-Kaufrechts anwendbar?

Ja (LG München v. 16.11.2000 (12 HK O 3804/00) - CISG-online Nr. 667). Die Waren mussten zwar teilweise erst noch angefertigt werden; Art. 3 Abs. 1 CISG stellt aber Verträge über die Herstellung von Waren (Lieferkäufe) den Kaufverträgen gleich. Auch aus Art. 3 Abs. 2 CISG ergibt sich nichts anderes. Das UN-Kaufrecht gilt zwar nicht für Verträge, bei denen der überwiegende Teil der Pflichten in der Ausführung von Arbeiten oder Dienstleistungen besteht. Im Ergebnis war aber die Herstellung der Ladeneinrichtung nicht als Arbeitsausführung anzusehen, die gegenüber der Lieferung im Vordergrund stand.

Auch stellten der Transport und der Aufbau keine überwiegende Dienstleistung i. S. v. Art. 3 Abs. 2 CISG dar. Das UN-Kaufrecht war anwendbar.

44. Der österreichische Händler schloss mit einem Bürstenhersteller und einer Außenhandelsorganisation, beide aus dem ehemaligen Jugoslawien, einen „Veredelungsvertrag". Danach hatte der österreichische Händler Rohmaterial an den Bürstenhersteller zu liefern, der daraus pro Jahr 1.330.000 Bürsten und Besen fertigen sollte. Nach Fertigstellung sollten die Bürsten und Besen sodann wieder an den österreichischen Händler gelangen, der den Vertrieb zu übernehmen hatte. Die Einbindung der Außenhandelsorganisation war notwendig, weil nur sie, nicht aber der Bürstenhersteller eine Exportlizenz hatte. Die Außenhandelsorganisation wurde im Vertrag als „Verkäufer" bezeichnet, über sie sollte u. a. die Zahlungs- und Reklamationsabwicklung erfolgen. Entsprechend verlangte die Außenhandelsorganisation nach Lieferung der fertigen Bürsten und Besen schließlich den Kaufpreis vom österreichischen Händler. Grundlage sollte das UN-Kaufrecht sein. War dieses anwendbar?

Nein (OGH Österreich v. 27.10.1994 (8 Ob 509/93) - östZRVgl. 1995, 159 ff.; CISG-online Nr. 133). Sowohl Österreich als auch Jugoslawien waren Vertragsstaaten des UN-Kaufrechts. Trotzdem fand dieses auf den Vertrag keine Anwendung. Zwar stehen nach Art. 3 Abs. 1 CISG Kaufverträgen Verträge über die Lieferung herzustellender oder zu erzeugender Ware gleich. Dies gilt aber nicht, wenn der Besteller – wie hier – einen wesentlichen Teil der für die Herstellung oder Erzeugung notwendigen Stoffe selbst zur Verfügung gestellt hat. Zudem ist nach Art. 3 Abs. 2 CISG das UN-Kaufrecht nicht anzuwenden auf Verträge, bei denen der überwiegende Teil der Pflichten der Partei, die die Ware liefert, in der Ausführung von Arbeiten oder Dienstleistungen liegt. Beide Ausnahmetatbestände des Art. 3 CISG waren bei einem Veredelungsvertrag der vorliegenden Art erfüllt. Das UN-Kaufrecht war nicht anwendbar.

45. Der Software-Hersteller aus Österreich war sich mit dem schweizerischen Unternehmen einig, eine EDV-Anlage zu installieren. Die Einzelheiten waren in einem einheitlichen Ver-

trag geregelt. Demnach sollte eine Datenbank sowie eine Standardsoftware geliefert und installiert werden; des weiteren sollte die Software an die speziellen Bedürfnisse des Erwerbers angepasst und sein Personal geschult werden. Die Parteien stritten bald über Gewährleistungsrechte. War das UN-Kaufrecht anwendbar?

Ja (Handelsgericht Zürich v. 17.2.2000 (HG 980472) - CISG-online Nr. 637). Zwar lag ein sog. gemischter Vertrag vor. Denn er enthielt kaufvertragliche und werkvertragliche Elemente sowie solche eines Auftrags. Nach Art. 3 Abs. 2 CISG ist das UN-Kaufrecht nicht anwendbar, wenn der überwiegende Teil der Pflichten der Partei, die die Ware liefert, in der Ausführung von Arbeiten oder anderen Dienstleistungen besteht. Da die Mitarbeiter-Schulung und die Anpassung der Software gegenüber den Elementen eines Kaufs etwa als hälftig anzusehen war, war das UN-Kaufrecht anzuwenden.

46. Der deutsche Müllverwerter bestellte bei dem schweizerischen Unternehmen eine Recyclinganlage für 5 Mio. €. Vertragsgegenstand war eine industrielle Großanlage, die enormen Planungs-, Montage-, Anpassungs-, Instruktions- und Betreuungsaufwand, insbesondere in der Startphase, erforderte. Die Arbeits- und Dienstleistungskomponenten des Vertrages machten hinsichtlich des Erwerbspreises mehr als die Hälfte aus. Es kam zu Gewährleistungsfragen. War das UN-Kaufrecht auf den Vertrag anwendbar?

Nein (Handelsgericht Zürich v. 9.7.2002 (HG 000120/U/zs) - SZIER 2003, 102; CISG-online Nr. 726). Das UN-Kaufrecht erfasst nach Art. 3 Abs. 2 CISG nicht Verträge, bei denen der überwiegende Teil der Pflichten des Lieferanten in der Ausführung von Arbeiten oder Dienstleistungen besteht. Vorliegend waren die kaufvertraglichen Elemente des Geschäfts nicht stark genug, sondern schwächer als die Elemente Arbeit und Dienstleistung. Das UN-Kaufrecht war nicht anwendbar.

IV. Regelungsmaterie

47. Welche Regelungsmaterie spricht sich das UN-Kaufrecht selbst ausdrücklich zu?

Das UN-Kaufrecht definiert seine Regelungsmaterie in Art. 4 CISG fast lapidar: Es sind der Abschluss des Kaufvertrags und die aus ihm erwachsenden Rechte und Pflichten des Verkäufers und des Käufers.

48. Ist die Regelungsmaterie, die sich das UN-Kaufrecht zuspricht, dort vollständig geregelt?

Nein. Es können sog. „interne Lücken" auftreten, entweder, weil sich die Beteiligten bei der Abfassung des Abkommens in einigen Punkten nicht einigen konnten oder weil manche Probleme schlicht übersehen wurden.

49. Welches Recht ist anwendbar auf Rechtsfragen, die das UN-Kaufrecht an sich regeln möchte (bspw. Abschluss des Kaufvertrags oder Rechte und Pflichten der Parteien), es sich aber eine „interne Lücke" herausstellt?

Interne Lücken sollen nach der Vorgabe des UN-Kaufrechts zunächst durch die im UN-Kaufrecht selbst niedergelegten allgemeinen Grundsätze gefüllt werden (vgl. Art. 7 Abs. 2 CISG); erst wenn dies nicht gelingt, soll auf die Regelungen zurückgegriffen werden, die nach dem nationalen (nicht vereinheitlichten) Recht gelten, das über das Internationale Privatrecht zu finden ist.

50. Welche Regelungsmaterie spricht sich das UN-Kaufrecht selbst ausdrücklich ab?

Das UN-Kaufrecht gilt ausdrücklich nicht für: die Gültigkeit des Vertrages oder einzelner Vertragsbestimmungen oder die Gültigkeit von Gebräuchen (Art. 4 S. 2 lit. a) CISG). Es gilt außerdem nicht für die Wirkungen, die der Vertrag auf das Eigentum an der verkauften Ware haben kann (Art. 4 S. 2 lit. b) CISG). Schließlich findet das UN-Kaufrecht keine Anwendung auf die

Haftung des Verkäufers für den durch die Ware verursachten Tod oder die Körperverletzung einer Person (Art. 5 CISG).

51. Das UN-Kaufrecht gilt ausdrücklich nicht für Gültigkeitsfragen (Art. 4 S. 2 lit. a) CISG). Welche rechtlichen Aspekte sind damit gemeint?

Mit Gültigkeitsfragen sind bspw. gemeint: Rechts- und Geschäftsfähigkeit, (die meisten) Willensmängel, Nichtigkeit wegen Dissenses, Sitten- oder Gesetzeswidrigkeit.

52. Welches Recht ist anwendbar auf Rechtsfragen, die das UN-Kaufrecht ausdrücklich nicht regeln möchte (bspw. Gültigkeitsfragen oder Eigentumsfragen)?

Es handelt sich um sog. „externe Lücken". Diese richten sich nach dem internen nationalen Recht, das aufgrund des Internationalen Privatrechts zu finden und anzuwenden ist. Beispiel: Muss ein deutscher Richter bei einem UN-Kaufrechtsfall die Geschäftsfähigkeit einer natürlichen Person prüfen, muss er dies nach Art. 7 Abs. 1 EGBGB nach dem Heimatrecht des betreffenden Vertragspartners tun. Ist dieser etwa Deutscher und erst 17 Jahre alt, ist der Vertrag i. d. R. nicht gültig.

53. Das UN-Kaufrecht gilt ausdrücklich nicht für die Frage, wie sich der Vertrag auf das Eigentum der verkauften Sache auswirkt (Art. 4 S. 2 lit. b) CISG). Warum?

Die dingliche Wirkung des Vertrages konnte international nicht vereinheitlicht werden. Dafür lagen und liegen die nationalen Vorstellungen zu weit auseinander. So geht nach französischem und italienischem Recht das Eigentum an der Kaufsache zeitgleich mit Abschluss des Kaufvertrags auf den Erwerber über („*Konsensualprinzip*"). Nach schweizerischem, österreichischem und spanischem Recht bedarf es noch eines gesonderten Übergabeaktes und nach deutschem Recht sogar noch des Rechtsgeschäfts der Übereignung. Eigentumsfragen werden daher vom UN-Kaufrecht ausgeklammert und dem nicht vereinheitlichten nationalen Recht überlassen. Dieses muss über das Kollisionsrecht ermittelt werden. Nach dem weltweit verbreiteten Prinzip der lex rei sitae ist dies regelmäßig das Recht des Staates, in dem die Sache belegen ist (vgl. für deutsches Recht Art. 43 Abs. 1 EGBGB).

54. Zwischen dem österreichischen Baustoffkäufer und dem deutschen Hersteller für Rahmenprofile bestand ein Rahmenvertrag. Nach diesem konnte der Baustoffkäufer vom Hersteller Rahmenprofile zu 28 € je Kilo abrufen. Wegen eines großen Auftrags bestellte der Baustoffkäufer beim Hersteller eine entsprechend große Menge Rahmenprofile. Der Hersteller antwortete, er könne nur zu 40 € je Kilo liefern. Um keine Schwierigkeiten mit seinem Großauftrags zu bekommen, bestätigte der Baustoffkäufer den Kauf zu 40 € je Kilo. Diesen Preis wollte er später nicht zahlen und machte geltend, er habe sich in einer Zwangslage befunden, die den Vertragsschluss sittenwidrig machte. Wie wird die Frage der Sittenwidrigkeit vom UN-Kaufrecht beantwortet?

Gar nicht (OGH Österreich v. 9.3.2000 (6 Ob 311/99z) - IHR 2001, 39 f.; ZfRVgl 2000, 152; CISG-online Nr. 573). Der Kaufvertrag war nach den Regeln des UN-Kaufrechts mit dem Preis von 40 € zustande gekommen (Art. 19 Abs. 2, 18 CISG). Zur Frage eines Sittenverstoßes findet sich im UN-Kaufrecht keine Regelung. Es ist vielmehr eine Gültigkeitsfrage, die das UN-Kaufrecht ausdrücklich nicht regelt (Art. 4 S. 2 lit. a) CISG). Sittenverstoßfragen beantwortet daher das über das Internationale Privatrecht zu ermittelnde Recht, das auf den Vertrag anzuwenden wäre, wenn es das UN-Kaufrecht nicht gäbe. Da in Österreich zu entscheiden war, musste österreichisches Internationales Privatrecht geprüft werden. Dieses verweist auf deutsches Recht als Vertragsstatut. Als Maßstab galt also § 138 BGB. Das Verhalten des Verkäufers war nicht sittenwidrig, da der Käufer frei darin war, den Preis zu akzeptieren oder das Geschäft zu unterlassen. Der Käufer musste den vereinbarten Preis von 40 € zahlen.

55. Das deutsche Reformhaus kaufte von dem schweizerischen Hersteller Weizengrieß als „reines Naturprodukt, frei von Fremd- und Konservierungsstoffen". Tatsächlich enthielt die Ware 3 % chemische Zusätze. Der Käufer zeigte dem Verkäufer dies so-

fort an. Erst 18 Monate später machte er seine Mängelansprüche gerichtlich geltend. Der Verkäufer reklamierte, der Käufer komme zu spät und berief sich auf Verjährung. Wie wird die Frage der Verjährung vom UN-Kaufrecht beantwortet?

Gar nicht (Handelsgericht Bern v. 17.1.2002 (Nr. 8805 FEMA) - recht 2003, 48; CISG-online Nr. 725). Das UN-Kaufrecht regelt die Verjährung nicht. Es handelt sich um eine sog. „externe Lücke", die bewusst offen gelassen wurde. Für Verjährungsfragen hat die UNCITRAL nämlich das „Übereinkommen über die Verjährung beim internationalen Warenkauf" v. 15.6.1974 ausgearbeitet. Nach dessen § 8 beträgt die Verjährungsfrist für Ansprüche aus internationalen Kaufverträgen 4 Jahre. Deutschland und die Schweiz – ebenso wie viele andere Industrienationen, außer den USA - haben dieses Abkommen allerdings nicht ratifiziert. Die Verjährungsfrage musste damit das Recht des Staates beantworten, das nach dem Internationalen Privatrecht zu bestimmen ist. § 118 Abs. 1 IPRG (Schweiz) verweist auf schweizerisches Recht. Nach Art. 210 OR (Schweiz) verjähren kaufrechtliche Gewährleistungsansprüche binnen Jahresfrist. Die schweizerische Jahresfrist beginnt erst mit der Mängelanzeige (Art. 39 CISG) zu laufen, um eine Kollision der schweizerischen Vorschriften mit der 2-Jahres-Rügefrist des Art. 39 Abs. 2 CISG zu vermeiden. Die Verjährungsfrist war demnach abgelaufen. Der Käufer kam mit seinen Mängelansprüchen zu spät.

56. Die deutsche Molkerei verkaufte an den niederländischen Käsehändler 2.500 Tonnen Milchpulver. Später stellte sich bei Verwendung des Pulvers ein ranziger Geschmack der daraus hergestellten Milch heraus. Es kam zu einigem Schriftverkehr und zu der Einigung, dass der Verkäufer zu Beweiszwecken bestimmte Mängel anerkennt. Schließlich schrieb der Verkäufer an den Käufer: „Eine Teilmenge des an Sie gelieferten Pulvers entspricht nicht den vertraglichen Anforderungen. Insoweit leisten wir Ersatz. Weitergehende Ansprüche werden nicht übernommen...". Später stritten die Parteien erneut und zwar um die Frage, wer das Vorliegen eines Mangels zu beweisen hat. Wie wird die Frage der Beweislast vom UN-Kaufrecht beantwortet?

BGH v. 9.1.2002 (VIII ZR 304/00) - ZIP 2002, 537 ; CISG-online Nr. 651: Das UN-Kaufrecht enthält einige Regeln zur Beweislast (vgl. etwa Art. 79 Abs. 1 CISG). Nach Art. 4 CISG regelt das UN-Kaufrecht aber nur den Abschluss des Kaufvertrags, die daraus entstehenden Pflichten und ggf. damit zusammenhängende Beweisfragen. Vorliegend ging es um die Wirkungen eines tatsächlichen Anerkenntnisses. Ein solches hat nach (inner-) deutschem Verständnis eine Umkehr der Beweislast für das Vorliegen eines Mangels zur Folge. Infolge dessen müsste der Verkäufer beweisen, dass kein Mangel vorgelegen hatte. Welche beweisrechtlichen Folgen ein tatsächliches Anerkenntnis hat, zählt nicht zu den Beweisfragen, die das UN-Kaufrecht regelt. Insoweit musste auf die nicht vereinheitlichten deutschen Regeln zurückgegriffen werden.

57. Der italienische Hersteller stand mit dem deutschen Unternehmer in ständiger Geschäftsverbindung und verkaufte ihm regelmäßig Hochdruckfilter. Der Verkäufer verlangte aus dem letzten Geschäft den Kaufpreis. Dem hielt der Käufer Schadensersatzansprüche entgegen, weil die Filter aus einem früheren Kauf undicht gewesen waren. Der Käufer erklärte die Aufrechnung dieser Schadensersatzforderung mit der Kaufpreisforderung. Wie werden die Fragen um eine mögliche Aufrechnung vom UN-Kaufrecht beantwortet?

Gar nicht (LG Mönchengladbach v. 15.7.2003 (7 O 221/02) - IHR 2003, 229 ff.; CISG-online Nr. 813). Die Aufrechnung ist nach herrschender Meinung im UN-Kaufrecht nicht geregelt. Eine Mindermeinung, der hier nicht gefolgt wurde, sieht dies anders, wenn beide Ansprüche aus Vertragsverhältnissen resultieren, die dem UN-Kaufrecht unterliegen (vgl. OLG Hamburg, IHR 2001, 19 ff.). Das UN-Kaufrecht kennt lediglich die Instrumente der Verrechnung (Art. 84 Abs. 2 CISG) oder der Leistung Zug um Zug (81 Abs. 2 Satz 2 CISG), nicht aber die Aufrechnung insgesamt (vgl. OLG Stuttgart, RIW 1995, 943 f.). Die Aufrechnung richtet sich demnach nach dem über Art. 28 Abs. 2, 32 Nr. 2 EGBGB zu bestimmenden Recht. Dies war hier das italienische Recht des Verkäufers. Die Voraussetzungen für eine gesetzliche oder gerichtliche Aufrechnung nach dem nicht vereinheitlichtem Recht Italiens (Art. 1243 Cc) lagen nicht vor. Der Käufer musste den Kaufpreis zahlen.

58. Die Haftung des Verkäufers ist auch denkbar, wenn eine verkaufte Sache den Tod oder die Verletzung einer Person verursacht. Regelt das UN-Kaufrecht auch derartige Ansprüche?

Nein (Art. 5 CISG). Der Tod oder die Körperverletzung einer Person infolge einer mangelhaften verkauften Sache sind typischerweise Konstellationen der Produkthaftung. Diese sollte aber den nationalen Rechtsordnungen belassen bleiben und vom UN-Kaufrecht nicht berührt werden. Der Ausschluss gilt allerdings nur für Schäden an Personen; Folgeschäden an Sachen werden vom Regelungsbereich des UN-Kaufrechts erfasst.

V. Allgemeine Bestimmungen

59. Wie alle Gesetze enthält auch das UN-Kaufrecht teilweise unbestimmte Rechtsbegriffe. Diese müssen ggf. ausgelegt werden. Nach welchen Auslegungsregeln?

Das UN-Kaufrecht verlangt nach einer sog. „autonomen Auslegung". Dies bedeutet im Grundsatz, dass Begriffe aus dem Kontext des Übereinkommens heraus ausgelegt werden müssen. Bspw. dürfte der Terminus „Kaufvertrag" nicht nach dem Verständnis der §§ 433 ff. BGB, sondern nach dem Verständnis des UN-Kaufrechts selbst interpretiert werden. Das UN-Kaufrecht soll nach Möglichkeit international einheitlich ausgelegt werden (Art. 7 Abs. 1 CISG). Es sind daher die Rechtsprechung und das Schrifttum der anderen Vertragsstaaten zu beachten.

60. Der italienische Hersteller verkaufte an den deutschen Händler mehrfach Autozubehör. Der Käufer war der Meinung, dass der Verkäufer ihm aus einem dieser Geschäfte Schadensersatz in Höhe von 12.000 € schuldete. Auch um diesen etwaigen Anspruch durchzusetzen, kaufte der Käufer dann vom Verkäufer erneut Autozubehör zum Preis von 12.000 €; den Preis zahlte er nicht, sondern erklärte stattdessen die Aufrechnung des Kaufpreises mit seinem angeblichen Schadensersatzanspruch. Der Verkäufer reklamierte, dass dies wegen eines Verstoßes gegen

Treu und Glauben unzulässig war. Gilt der Grundsatz von Treu und Glauben auch im UN-Kaufrecht?

Ja (OLG Düsseldorf v. 25.7.2003 (I-17 U 22/03) - CISG-online Nr. 919). Die Wahrung des guten Glaubens im internationalen Handel ist ein Grundsatz, der auch im UN-Kaufrecht verankert ist (Art. 7 Abs. 1 CISG) und insbesondere missbräuchliche Rechtsausübung verbietet. Ein Verstoß gegen Treu und Glauben kam hier in Betracht, wenn der aufrechnende Käufer bewusst und zielgerichtet eine Aufrechnungslage nur deshalb geschaffen hatte, um für ihn eine einfache Befriedigungsmöglichkeit herzustellen; den Schadensersatz hätte der Käufer nämlich (für ihn aufwändig) in Italien geltend machen müssen. Entgegen der Vorinstanz war der Vorwurf eines Verstoßes gegen Treu und Glauben vom OLG Düsseldorf nicht erkannt worden. Denn dem Käufer war der entsprechende Missbrauchswille nicht nachzuweisen.

61. Neben der Auslegung des UN-Kaufrecht-Gesetzestextes kommt der Auslegung von Parteierklärungen eine entscheidende Bedeutung zu. Nach welchen Grundsätzen muss eine solche Auslegung vorgenommen werden?

Es gilt Art. 8 CISG: Primär kommt es auf den wirklichen Willen des Erklärenden an. Wenn die andere Partei diesen nicht erkennen konnte, muss sich der Erklärende an der objektiven Bedeutung seiner Erklärung festhalten lassen. Entscheidend ist der Empfängerhorizont einer „vernünftigen Person der gleichen Art wie die andere Partei ... unter den gleichen Umständen".

62. Der belgische Züchter verkaufte „hufkranke" Rennpferde an den in Deutschland ansässigen Pferdehändler. Nach dem Vertrag sollte „frei Hof" geliefert werden. Später stellte sich die Frage, ob diese Klausel den Erfüllungsort festlegen sollte. Dies hätte zur Folge gehabt, dass der Belgier etwa in Deutschland hätte verklagt werden können (siehe Art. 5 Abs. 1 EuGVÜ). Wie musste diese Vertragserklärung nach dem UN-Kaufrecht ausgelegt werden?

OLG Köln v. 16.7.2001 (16 U 22/01) - IHR 2002, 66 f.; CISG-online Nr. 609: Hinsichtlich der Auslegung stellt Art. 8 CISG zunächst auf den wirklichen, sodann auf den hypothetischen Willen der Beteiligten und sonst auf den objektiven Erklärungsinhalt ab. Wie die vergleichbare Klausel „frei Haus" bedeutet die Klausel „frei Hof" durchaus, dass der Verkäufer die Transportkosten tragen soll. Darüber hinaus hat sie aber keinen eindeutig festgelegten Inhalt. Das UN-Kaufrecht enthält eine Regelung zum Erfüllungsort in Art. 31 CISG: Normalerweise liegt eine Holschuld vor und damit liegt der Erfüllungsort beim Verkäufer. Im Ergebnis war die Klausel „frei Hof" nicht so stark, dass sie eine Abweichung von der gesetzlich vorgegebenen Grundregel erzeugen konnte. Wenn die Beteiligten etwas anderes gewollt hätten, hätten sie dies deutlicher zum Ausdruck bringen müssen. Der Erfüllungsort lag in Belgien, in Deutschland war kein Gerichtsstand begründet.

63. Die schweizerische Druckerei wollte ihre 15 Jahre alten Druckmaschinen verkaufen. Nach eingehender Besichtigung kaufte der deutsche Maschinenhändler eine der Maschinen, um sie ggf. in den Iran weiterzuverkaufen. In dem Kaufvertrag hieß es: „Druckmaschine, Fabr./Typ ... Druckbreite bis 1018 mm; die Maschine ist komplett und funktionstüchtig wie besichtigt.". Der Käufer reklamierte später, dass die Maschine nur maximal 641 mm breit drucken konnte. Die angegebenen 1018 mm waren nur erreichbar, wenn ein Zubehörteil eingesetzt würde, das aber 50.000 € kostete. Der Käufer machte eine Vertragsverletzung geltend. Lag eine solche vor?

Nein (Bundesgericht der Schweiz v. 22.12.2000 (4C. 296/2000) - CISG-online Nr. 628). Bei der Frage, ob die Maschine vertragsgemäß (im Sinne von Art. 35 CISG) war, musste durch Auslegung des Vertrages ermittelt werden, welche Eigenschaften geschuldet waren. Nach Art. 8 Abs. 2 CISG sind Erklärungen so auszulegen, wie sie eine vernünftige Person in gleicher Stellung unter gleichen Umständen aufgefasst hätte. Der Käufer war fachkundig und wusste, dass er eine gebrauchte Maschine gekauft hatte, die nicht mehr dem neuesten Stand entspricht, sondern 15 Jahre alt war. Er musste sich also über den Zustand und die Ausstattung der Maschine informieren. Dazu hatte auch die Besichtigung gedient. Angesichts dessen sollte die Angabe der maximalen Druckbreite lediglich darüber informieren, dass die Breite mit Hilfe von Zubehör erreicht werden konnte. Geschuldet war demnach keine Druckbreite von 1018 mm, sondern nur die Möglichkeit, dass die Maschine dazu in der Lage war. Die Ware war vertragsgemäß.

64. Können in einem UN-Kaufrechtsfall Gebräuche eine Rolle spielen, deren Geltung die Vertragsparteien nicht ausdrücklich vereinbart haben?

Ja. In erster Linie gelten zwar nur solche Handelsbräuche, die die Vertragspartner für sich als verbindlich anerkannt haben (Art. 9 Abs. 1 CISG). Wenn es sich aber um (i) eine tatsächliche Übung, (ii) von gewisser Dauer, (iii) der beteiligten Verkehrskreise handelt, die (iv) den beteiligten Vertragspartnern zumindest erkennbar gewesen ist, wird angenommen, dass die Vertragsparteien sich auf diesen Handelsbrauch stillschweigend bezogen haben (Art. 9 Abs. 2 CISG).

65. Die österreichischen Holzwerke kauften von dem bayerischen Holzhändler einen Posten Eichenholz. Es kam zum Streit über die Qualität des Holzes. Der Käufer rügte die Minderwertigkeit 3 Wochen nach Lieferung. Der Verkäufer empfand dies als verspätet. Denn im Bereich des Tegernsees und angrenzenden Österreich gelten beim Handel mit Rundholz, Schnittholz und Holzwerkstoffen die sog. „Tegernseer Gebräuche" als Handelsbrauch. Nach diesen Gebräuchen müssen Mängel binnen 14 Kalendertagen schriftlich angezeigt werden. Zu entscheiden war, ob die Mängelrüge zu spät kam. Galten die Mängelfristen des UN-Kaufrechts oder die der Tegernseer Gebräuche?

Es galten die Tegernseer Gebräuche (OGH Österreich v. 21.3.2000 (10 Ob 344/99g) - IHR 2001, 40; CISG-online Nr. 641). Zwar unterfiel der Vertrag grundsätzlich dem UN-Kaufrecht. Nach Art. 9 Abs. 2 CISG gilt aber, dass tatsächliche Gebräuche, die die Parteien kannten oder kennen mussten und die in den betreffenden Verkehrskreisen über einen längeren Zeitraum üblich sind, als von den Vertragspartnern stillschweigend in Bezug genommen gelten. Die Tegernseer Gebräuche hatten daher Vorrang vor den Bestimmungen des UN-Kaufrechts. Dessen Vorschriften über die Untersuchung der Ware und die Erhebung von Mängelrügen wurden von den Gebräuchen verdrängt. Der Käufer kam mit seiner Qualitätsrüge zu spät.

66. Welche Formerfordernisse müssen bei Kaufverträgen, die dem UN-Kaufrecht unterfallen, beachtet werden?

Keine. Der Vertrag kann schriftlich, mündlich, elektronisch oder in anderer Weise geschlossen werden (Art. 11 CISG).

67. Können die Kaufvertragsparteien auf der Grundlage des UN-Kaufrechts ein Formerfordernis vereinbaren?

Ja. Wegen des Vorrangs der Parteiautonomie (Art. 6 CISG) können die Parteien eine bestimmte Form vereinbaren. Im Wege der Auslegung muss dann freilich ermittelt werden, ob die vereinbarte Form als Wirksamkeitsvoraussetzung oder als bloßes Beweismittel gemeint war.

Teil II des UN-Kaufrechts

I. Allgemeines

68. Was ist Regelungsgegenstand von Teil II des UN-Kaufrechts (Art. 14 bis 24 CISG)?

Teil II des UN-Kaufrechts regelt, wie ein Kaufvertrag abgeschlossen wird.

69. Wie kann man in einem Satz beschreiben, wie nach dem UN-Kaufrecht ein Kaufvertrag zustande kommt?

Die Systematik des Vertragsschlusses ähnelt dem des BGB in den §§ 145 ff.: Das UN-Kaufrecht verwendet zwei sich aufeinander beziehende, zeitlich aufeinander folgende Willenserklärungen, die beiden Bausteine *Angebot* und *Annahme*.

70. Ist die Regelung des UN-Kaufrechts hinsichtlich des Vertragsschlusses vollständig?

Die Regelung zeigt Lücken und Alterungsspuren (*Schlechtriem*, Internationales UN-Kaufrecht, 4. Aufl. 2007, Rdn. 69). Nicht geregelt sind etwa die Einbeziehung von Allgemeinen Geschäftsbedingungen und Fragen zur Kollision von sich widersprechenden Allgemeinen Geschäftsbedingungen.

II. Vertragsangebot

71. Welche inhaltlichen Voraussetzungen stellt das UN-Kaufrecht an ein Vertragsangebot (Vertragsantrag, Offerte)?

Das UN-Kaufrecht fordert im Wesentlichen zwei Aspekte: Zum einen ist dies die Bestimmtheit bzw. die Bestimmbarkeit des Gegenstands des angebotenen Vertrages. Zum anderen ist es der Bindungswille des Erklärenden, d. h. sein Wille, im Falle der Annahme des Angebots vertraglich verpflichtet zu sein (Art. 14 Abs. 1 CISG).

72. **Ist ein Vertragsvorschlag auf einer Web-Seite ein Angebot i. S. v. Art. 14 CISG?**

Ob tatsächlich ein Angebot vorliegt, muss durch Auslegung ermittelt werden (Art. 8 Abs. 2 und Abs. 3 CISG). Bei einem Vorschlag, der an eine Vielzahl von Personen gerichtet ist, wird man regelmäßig nicht annehmen können, dass der Erklärende mit dem nötigen Bindungswillen handelt (Art. 14 Abs. 2 CISG). Anderenfalls wäre er einer Vielzahl von Vertragsverpflichtungen ausgesetzt, die er aber u. U. nicht alle erfüllen könnte. Bei Vorschlägen auf einer Web-Seite wird es sich in aller Regel bloß um eine Aufforderung zur Abgabe von Angeboten (*invitatio ad offerendum*) handeln. Wenn etwas anderes gelten soll, muss der Erklärende dies deutlich zum Ausdruck bringen.

73. **Der österreichische Händler bestellte bei dem deutschen Pelztier-Züchter Chinchilla-Felle mittlerer bis besserer Qualität zu einem Preis von 35 bis 65 DM pro Stück. Nach der Lieferung verlangte der Verkäufer den Kaufpreis. Der Händler weigerte sich, weil nach seiner Ansicht kein Kaufvertrag zustande gekommen sei. Zu Recht?**

Nein (OGH Österreich v. 10.11.1994 (2 Ob 547/93) - östZRVgl 1995, 79 ff.; IPRax 1996, 137 ff.; CISG-online Nr. 117). Nach dem UN-Kaufrecht kommen Verträge durch Angebot und Annahme zustande. Ein Angebot muss bestimmt genug sein. Es ist bestimmt genug, wenn es die Ware bezeichnet und ausdrücklich oder stillschweigend die Menge und den Preis festsetzt oder deren Festsetzung ermöglicht (Art. 14 Abs. 1 Satz 2 CISG). Es kommt darauf an, wie der Antrag von einer vernünftigen Person der gleichen Art wie der Empfänger unter gleichen Umständen aufgefasst hätte (Art. 8 Abs. 2 CISG). Der Käufer und der Verkäufer hatten durch die Vereinbarung eines Preisrahmens ausreichende Anhaltspunkte festgelegt, aus denen je nach Qualität der Felle ein bestimmter Preis entnommen werden konnte: 35 DM für mittlere Qualität an der unteren Grenze, 65 DM für bessere Qualität an der oberen Grenze. Der Kaufvertrag war mit einem bestimmbaren Kaufpreis wirksam. Der Käufer musste zahlen.

74. Wann wird ein Angebot nach Maßgabe des UN-Kaufrechts wirksam?

Das Angebot wird im Zeitpunkt seines Zugangs beim Empfänger wirksam (Art. 15 Abs. 1 CISG). Zugang liegt vor, wenn die Erklärung dem Empfänger mündlich gemacht wird oder wenn sie auf anderem Weg ihm persönlich, an seiner Niederlassung oder Postanschrift (hilfsweise an seinem gewöhnlichen Aufenthaltsort) zugestellt wird (Art. 24 CISG).

75. Der schweizerische Lebensmittelhändler gab bei dem schweizerischen Weinhändler eine Bestellung über 150.000 Flaschen Rotwein auf. Der Weinhändler gab die Bestellung an den italienischen Weinproduzenten mit der Maßgabe weiter, er solle direkt an den Käufer liefern und dort kassieren. Später kam es zum Streit, bei dem der italienische Weinproduzent der Meinung war, es bestehe ein Kaufvertrag zwischen ihm und dem von ihm belieferten Lebensmittelhändler. Schließlich sei kein schriftlicher Vertragsschluss notwendig. Der Lebensmittelhändler reklamierte, er habe nur einen Vertrag mit dem schweizerischen Weinhändler. Wer hat Recht?

Der Lebensmittelhändler hat Recht (Bundesgericht Schweiz v. 4.8.2003 (4C. 103/2003/lma) - CISG-online Nr. 804). Richtig ist, dass der Kaufvertrag keiner bestimmten Form bedarf (Art. 11 CISG); außerdem muss der Vorschlag zum Abschluss eines Kaufvertrages die Ware bezeichnen und zumindest stillschweigend die Menge und den Preis festsetzen (Art. 14 Abs. 1 CISG). Aus der bloßen Lieferung des Weins musste der Käufer aber nicht ableiten, der italienische Weinproduzent wolle einen (neuen) Vertrag schließen oder einen Antrag auf Übernahme des (alten) Vertrages stellen. Der Käufer durfte aus dem Geschehen schließen, dass die Weinlieferung die Erfüllungshandlung desjenigen war, bei dem die Bestellung aufgegeben wurde. Zwischen dem italienischen Weinproduzenten und dem schweizerischen Lebensmittelhändler war kein Kaufvertrag zustande gekommen.

76. Kann ein bereits abgeschicktes, aber noch nicht zugegangenes Vertragsangebot i. S. d. UN-Kaufrechts zurückgenommen werden?

Ja. Die Rücknahmeerklärung muss dem Empfänger aber vor oder zeitgleich mit dem Angebot zugehen (Art. 15 Abs. 2 CISG). Die Regelung entspricht § 130 Abs. 1 S. 2 BGB.

77. Kann ein Vertragsangebot i. S. d. UN-Kaufrechts nach dessen Zugang, also nach Wirksamwerden widerrufen werden?

Grundsätzlich ja. Die Widerruflichkeit endet aber in dem Moment, in dem der Empfänger seine Annahmeerklärung abgesandt hat (Art. 16 Abs. 1 CISG); nicht erforderlich ist, dass die Annahmeerklärung bereits zugegangen ist. Die Regelung weicht von den Bestimmungen des BGBs ab. Demnach ist es nicht möglich, sich von einem Angebot loszusagen, nachdem es wirksam geworden ist.

78. Wann erlischt ein Angebot nach dem UN-Kaufrecht?

Ein Angebot erlischt (außer dadurch, dass es angenommen wird) mit Rücknahme, Widerruf oder, wenn der Empfänger es ablehnt (Art. 17 CISG).

III. Annahme des Angebots

79. In welcher Zeit muss ein Vertragsangebot i. S. d. UN-Kaufrechts angenommen werden?

Wenn das Angebot eine bestimmte Frist enthält, muss binnen dieser Frist die Annahmeerklärung zugegangen sein (Art. 18 Abs. 2 S. 2 CISG). Wenn es keine Frist enthält, muss die Annahme binnen „angemessener Frist" erfolgen. Für deren Bemessung gibt es keine feste Vorgabe. Entscheidend sind die Umstände des Geschäfts und die Schnelligkeit des vom Antragenden gewählten Übermittlungsmediums. Mündliche Angebote müssen grundsätzlich sofort angenommen werden (Art. 18 Abs. 2 CISG).

80. Auf eine Präsentation von Sportschuhen durch den Vertreter eines deutschen Sportwarenhändlers bestellte der österreichische Käufer beim Sportwarenhändler 3.340 Paar Sportschuhe. Der Sportwarenhändler leitete die Bestellung an den italienischen Hersteller weiter. Der Hersteller korrespondierte mit dem Käufer mehrfach wegen besonderer Farb- und Modellwünsche und lieferte dann die Schuhe. Später kassierte der Vertreter den Kaufpreis und behielt ihn für sich. Der Hersteller verlangte vom Käufer Zahlung des Kaufpreises. Zu Recht?

Nein (OGH Österreich v. 18.6.1997 (3Ob 512/96) - östZRVgl 1997, 202; östJbl 1998, 255 f.; CISG-online Nr. 292). Voraussetzung für einen Zahlungsanspruch des Herstellers gegen den Käufer war, dass zwischen beiden ein Kaufvertrag zustande gekommen war, Art. 53 CISG. Ein Vertrag kommt durch Antrag und Annahme des Antrags zustande (Art. 14, 18 CISG). Der Antrag lag nicht in der Präsentation durch den Vertreter, da diese nicht bestimmt genug im Sinne von Art. 14 Abs. 1 CISG war und insbesondere nicht die Menge der Ware festlegte. Ein Angebot lag daher in der Bestellung durch den Käufer. Dieses Angebot hätte nur dann von dem Hersteller angenommen werden können, wenn es auch an den Hersteller gerichtet war. Daran fehlte es aber. Auch die zwischen dem Hersteller und dem Käufer geführte Korrespondenz konnte nicht helfen, da kein Angebot vorlag, das der Hersteller hätte annehmen können. Einen Zahlungsanspruch des Herstellers gegen den Käufer gab es daher nicht.

81. Um den Umsatz zu steigern, schicken Händler (grenzüberschreitend) unbestellte Ware an potentielle gewerbliche Kunden mit dem Begleittext, dass sie im Falle des Schweigens davon ausgehen würden, die Ware gefalle und ein Kaufvertrag käme zustande. Kommen so wirksam Kaufverträge nach dem UN-Kaufrecht zustande?

Nein. Schweigen oder Untätigkeit allein stellen keine Annahme dar (Art. 18 Abs. 1 S. 2 CISG). Die Rechtslage nach dem UN-Kaufrecht deckt sich mit der nach dem BGB.

82. Der deutsche Maschinenbauer verkaufte dem spanischen Unternehmer eine gebrauchte Fräsmaschine. Im Vertrag verwies der Verkäufer auf seine Allgemeinen Geschäftsverbindungen (AGB), in denen sich ein Ausschluss der Gewährleistung fand. Die AGB wurden dem Käufer allerdings nie zugänglich gemacht. Später zeigten sich an der Maschine Mängel, auf die sich der Käufer berief. Der Verkäufer wies die Haftung zurück, da sie vertraglich ausgeschlossen sei. Zu Recht?

Nein (BGH v. 31.10.2001 (VIII ZR 60/01) - CISG-online Nr. 617). Es war zu entscheiden, ob die AGB mit dem Haftungsausschluss Vertragsbestandteil geworden waren, oder nicht. Für die Einbeziehung von AGB enthält das UN-Kaufrecht keine besonderen Regeln. Es gelten die für den Vertragsschluss anwendbaren Vorschriften der Art. 14, 18 CISG. Danach muss der Verwender seinem Vertragspartner den Text der AGB zumindest übersenden oder anderweitig zugänglich machen. Den Vertragspartner trifft demgegenüber keine Erkundigungspflicht, selbst wenn er weiß, dass die AGB des Verwenders existieren. Die Anforderungen sind insoweit teilweise strenger als nach dem nicht vereinheitlichten deutschen Recht. Dies liegt daran, dass den beteiligten Handelskreisen im nationalen Rechtsverkehr die Klauseln innerhalb einer Branche oft bekannt sind; im internationalen Handelsverkehr trifft dies angesichts der Vielgestaltigkeit internationaler Fälle nicht in diesem Umfang zu. Die AGB waren daher nicht Vertragsbestandteil; der Verkäufer konnte sich nicht auf den Gewährleistungsausschluss berufen und musste für die Mängel einstehen.

83. Bringen Annahmeerklärungen mit Erweiterungen, Einschränkungen oder anderen Änderungen einen Vertrag nach Maßgabe des UN-Kaufrechts zustande?

Nein, die grundsätzliche Regelung ist dieselbe wie in § 150 Abs. 2 BGB: Annahmen mit Erweiterungen, Einschränkungen oder anderen Änderungen gelten als Ablehnung der Offerte, verbunden mit einer Gegenofferte (Art. 19 Abs. 1 CISG).

84. Bringen Annahmeerklärungen mit Erweiterungen, Einschränkungen oder anderen Änderungen einen Vertrag nach Maßgabe

des UN-Kaufrechts zustande, wenn die Änderung nur „unwesentliche" Aspekte betrifft?

Ja. Anders als im BGB gelten ausnahmsweise die vom Angebot abweichenden Bedingungen der Annahme, wenn die Annahme nur in unwesentlichen Punkten abweicht (Art. 19 Abs. 2 CISG). Der Absender des Angebots hat aber die Möglichkeit, die Abweichung unverzüglich zu beanstanden. Unterlässt er dies, gelten die (abweichenden) Bedingungen der Annahme.

85. Was zum Beispiel sind wesentliche und unwesentliche Änderungen des Angebots i. S. v. Art. 19 Abs. 2 CISG?

Wann eine wesentliche Abweichung vorliegt, kann mit der Vermutung in Art. 19 Abs. 3 CISG beurteilt werden. Wesentliche Abweichungen sind der Regelfall und beziehen sich etwa auf Preis, Bezahlung, Qualität, Menge der Ware, Ort und Zeit der Lieferung oder den Umfang der Haftung. Unwesentliche Abweichungen sind selten und können sich etwa auf Verpackungs- bzw. Versandart (bspw. „neue Säcke" statt der vorgeschlagenen „ordentlichen Säcke") oder auch Produktfarben (bspw. „grau" statt des vorgeschlagenen „blau" bei Stahlträgern oder Industriemaschinen) beziehen.

86. Der belgische Baustoffhändler bot dem deutschen Käufer Betonplatten an. In seinem Angebot waren die Transportkosten mit 1.500 € aufgeführt. Die Bestellung des Käufers enthielt die Klausel „frei Baustelle". Der Baustoffhändler bestätigte den Auftrag wiederum unter Nennung der Transportkosten. Danach lieferte er die Platten und stellte die Rechnung mit ausgewiesenen Transportkosten. Der Käufer bezahlte vorbehaltlos. Später stritten die Parteien darüber, wer die Transportkosten zu tragen hatte. Der Käufer argumentierte, es habe keine Einigung hinsichtlich dieser 1.500 € gegeben. Hat er Recht?

Nein (OLG Koblenz v. 4.10.2002 (8 U 1909/01) - IHR 2003, 66; CISG-online Nr. 716). Es war zu entscheiden, welchen Inhalt der Vertrag hinsichtlich der Kosten hatte. Die Bestellung des Käufers mit der Angabe „frei Baustelle" stellte eine Ablehnung des Angebots des Verkäufers und ein Gegenangebot dar,

Art. 19 Abs. 1 CISG. Entsprechendes gilt wohl für die „Auftragsbestätigung" des Verkäufers, indem dort wieder die Kosten aufgeführt waren. Der Käufer hatte jedoch die Rechnung mit den dort ausgewiesenen Transportkosten ohne Vorbehalt bezahlt, obwohl über die Kostenfrage zuvor keine Einigkeit bestand. Ein solches Verhalten war so auszulegen, dass der Käufer letztlich doch mit der Kostenübernahme einverstanden war. Dieses Ergebnis folgte aus Art. 19 Abs. 2 CISG, wobei letztlich dahin stehen konnte, ob es sich bei der Kostenfrage um eine unwesentliche Änderung des Vertrages gehandelt hatte, oder nicht.

87. Die deutsche Großmarktkette kaufte von dem österreichischen Verkäufer diverse Posten Haushaltsgegenstände. Die Bestellungen des Käufers nahm der Verkäufer mittels seiner Auftragsformulare an. Obwohl die Parteien darüber nie gesprochen hatten, fand sich darauf die Regelung, dass die Ware bis zur vollständigen Kaufpreiszahlung im Eigentum des Verkäufers bleiben sollte. Später stritten sich die Parteien darüber, wer Eigentümer der Ware nach Lieferung war. Der Käufer war der Ansicht, der Eigentumsvorbehalt sei nicht wirksam vereinbart worden. Hat er Recht?

Nein (OGH Österreich v. 13.9.2001 (6 Ob 73/01f) - CISG-online Nr. 644). Bei der Prüfung der Eigentumslage kam es auf die Wirksamkeit des (einfachen) Eigentumsvorbehalts an. Grundsätzlich kann ein Angebot nur so angenommen werden, wie es erklärt wird (vgl. Art. 19 Abs. 1 CISG) – hier also ohne Eigentumsvorbehalt. Enthält allerdings die Antwort auf ein Angebot nur unwesentliche Abweichungen, muss der Anbietende unverzüglich widersprechen. Unterlässt er dies, kommt der Vertrag mit den Abweichungen zustande (Art. 19 Abs. 2 und 3 CISG). Nach überwiegender Ansicht stellt die Vereinbarung eines einfachen Eigentumsvorbehalts keine wesentliche Änderung dar (vgl. Schlechtriem/Schwenzer/*Schlechtriem*, CISG-Kommentar, 4. Aufl. 2004, Art. 19 Rdn. 6 und 19 m. w. Nachw.). Dieser Ansicht folgte das Gericht. Da der Käufer der Eigentumsvorbehaltsklausel nicht widersprochen hatte, war der Eigentumsvorbehalt wirksam. Der Verkäufer war nach wie vor Eigentümer. Die vom Gericht gefundene Lösung weicht vom nicht vereinheitlichten deutschen Recht ab: Nach § 155 BGB kann der Vertrag zwar bei unwesentlichen Abweichungen zustande kommen, jedoch unter Außerachtlassung der Vertragsinhalte, über die keine Einigkeit erzielt wurde (sog. *Restgültigkeitstheorie*).

88. Der russische Händler für Chemieprodukte bot dem österreichischen Unternehmer eine bestimmte Art Phosphat an. Er schrieb: „10.000 Tonnen +/- 5 % nach Wahl des Schiffes". Der österreichische Unternehmer bestätigte: „10.000 Tonnen +/- 10 % nach Wahl des Schiffes". Es bestand Einigkeit, dass der russische Händler das Schiff wählen durfte. Der Russe geriet in Lieferschwierigkeiten. Der österreichische Unternehmer kaufte das Phosphat anderweitig ein und verlangte Schadensersatz aus Vertrag. War ein Vertrag auf der Grundlage des UN-Kaufrechts zustande gekommen?

Ja (nach: OGH Österreich v. 20.3.1997 (2 Ob 58/97m); ÖJZ 1997, 829 ff.; SZIER 1998, 90; CISG-online Nr. 269). Zu prüfen war, ob der österreichische Unternehmer das Angebot des russischen Händlers angenommen hatte. Denn die Annahme enthielt eine Änderung hinsichtlich der zulässigen Abweichung der Warenmenge. Nach dem Angebot des Russen durfte 5 %, nach der schriftlichen „Annahme-Bestätigung" des Österreichers 10 % von 10.000 Tonnen abgewichen werden, wobei die Größe des Schiffes entscheidend sein sollte. Nach Art. 19 Abs. 1 CISG ist eine Antwort auf ein Angebot, die eine Annahme darstellen soll, aber Ergänzungen oder Änderungen enthält, eine Ablehnung des Angebots und stellt ein Gegenangebot dar. Sind die Abweichungen aber unwesentlich, so kommt nach Art. 19 Abs. 2 CISG der Vertrag mit der Abweichung zustande, wenn der Anbietende nicht unverzüglich widerspricht. Allerdings werden Abweichungen insbesondere in der Menge der Ware nach Art. 19 Abs. 3 CISG so angesehen, als änderten sie den Vertrag wesentlich. Nach der herrschenden Ansicht in Österreich ist die Aufzählung in Art. 19 Abs. 3 CISG eine widerlegliche Auslegungsregel (a. A. bspw. *Herber/Czerwenka*, Internationales Kaufrecht, 1991, Art. 19 Rdn. 11 m. w. Nachw.). Auch Mengenabweichungen können danach im Einzelfall als unwesentlich bewertet werden. Dies gilt insbesondere bei Abweichungen, die für den Anbietenden günstig sind. Da die Wahl des Schiffes dem russischen Händler zustand, war die Abweichung für ihn lediglich vorteilhaft gewesen. Ein Vertag war daher mit der Abweichung („10.000 Tonnen +/- 10 %") zustande gekommen.

89. Das BGB stellt für die Wirksamkeit von Willenserklärungen unter Abwesenden konsequent auf das Zugangsprinzip ab (vgl. § 130 BGB). Gilt dies auch für das UN-Kaufrecht?

Grundsätzlich gilt auch im UN-Kaufrecht das Zugangsprinzip. Dies betrifft Angebot (Art. 15 Abs. 1 CISG) und Annahme (Art. 18 Abs. 2 CISG), Rücknahme der Offerte (Art. 15 Abs. 2 CISG) oder deren Widerruf (Art. 16 Abs. 1 CISG) und die Ablehnung des Angebots (Art. 17 CISG). Ausnahmsweise reicht aber für die Wirksamkeit von Erklärungen auch die Absendung; letzteres gilt etwa für die Verwahrung gegen unwesentliche Abweichungen (Art. 19 Abs. 2 S. 1 CISG) oder die Billigung einer verspäteten Annahmeerklärung (Art. 21 Abs. 1 CISG).

90. Kann eine verspätete Annahme einen Vertrag nach den Regelungen des UN-Kaufrechts nicht zustande bringen?

Doch, u. U. schon. Zwar muss eine Annahme grundsätzlich in der für sie vorgesehenen Frist (hilfsweise: in angemessener Frist) vorgenommen werden (Art. 18 Abs. 2 S. 2 CISG). Anderenfalls ist der Vertrag nicht wirksam. Unter bestimmten Voraussetzungen kann ein Vertrag aber auch trotz verspäteter Annahme noch wirksam werden (Art. 21 Abs. 1 CISG). Der Anbietende muss den (verspätet) Annehmenden unverzüglich in diesem Sinne unterrichten oder zumindest eine entsprechende Mitteilung absenden. Beachte: Diese „Heilungsmitteilung" muss dem Annehmenden nicht zugehen, es reicht die Absendung. Der Vertrag wird somit selbst dann wirksam, wenn die „Heilungsmitteilung" auf dem Postweg verloren geht.

91. Das Vertragsangebot kann nach den Regeln des UN-Kaufrechts unter bestimmten Voraussetzungen zurückgenommen werden (Art. 15 Abs. 2 CISG). Gilt das auch für die Annahme des Angebots?

Ja, hier gilt die entsprechende Regelung wie zu den Angeboten. Die Annahme eines Angebots kann zurückgenommen werden, wenn die Rücknahmeerklärung dem Anbietenden vor oder in dem Zeitpunkt zugeht, in dem die Annahme wirksam geworden wäre (Art. 22 CISG).

IV. Vertragsänderung

92. Behandelt das UN-Kaufrecht auch die Möglichkeiten einer Vertragsänderung?

Ja. Vertragsänderungen werden in Art. 29 CISG geregelt. Sachlich gehören die betreffenden Fragen zum Abschluss des Vertrages und damit in Teil II des UN-Kaufrechts. Sie sind – etwas regelungsfremd – allerdings in Teil III des Abkommens festgeschrieben.

93. Wie kann eine Vertragsänderung nach UN-Kaufrecht vorgenommen werden?

Ein auf der Basis des UN-Kaufrechts geschlossener Vertrag kann durch Vereinbarung (mittels Antrag und Annahme) geändert oder aufgehoben werden; es gelten die Regelungen der Art. 14 bis 24 CISG.

94. Oft werden Vertragsänderungen erst auf der Rechnung durch den Verkäufer vorgeschlagen. So ist es nicht unüblich, dort Gerichtsstandsregelungen, Zahlungsmodalitäten oder Fristen festzuschreiben, über die die Parteien vorher weder gesprochen noch Einigkeit gefunden hatten. Liegt in derartigem Verhalten eine Vertragsänderung?

Ein solches Verhalten kann nur unter zwei Voraussetzungen als Vertragsänderung aufgefasst werden: Zunächst ist durch Auslegung (Art. 8 CISG) zu prüfen, ob die modifizierte Rechnung als rechtsgeschäftliche Erklärung dahin ausgelegt werden kann, ein Angebot zu einem Änderungsvertrag i. S. v. Art. 29 CISG zu sein. Nur wenn dies zutreffen sollte, ist in einem weiteren Auslegungsschritt zu ermitteln, ob in der vorbehaltlosen Bezahlung der Rechnung als „sonstiges Verhalten" nach Maßgabe von Art. 18 Abs. 1 CISG eine stillschweigende Annahme gesehen werden kann (vgl. zum Ganzen *Schlechtriem*, Internationales UN-Kaufrecht, 4. Aufl. 2007, Rdn. 97).

95. Der deutsche Teppichgroßhändler verkaufte an den brasilianischen Käufer diverse Positionen Teppiche. Bezahlt wurde stockend. In Sao Paulo schlossen die Parteien ein „new agreement", in dem die ausstehenden Zahlungen durch Ratenzahlung geordnet wurden. Aus dem new agreement verlangte der Verkäufer später Zahlung. Der Käufer machte geltend, das new agreement sei ein selbständiges Schuldversprechen (vgl. § 780 BGB) mit der Folge, es müsse in Brasilien erfüllt werden und deutsche Gerichte wären unzuständig. Wie ist das new agreement rechtlich einzuordnen?

OLG Karlsruhe v. 10.12.2003 (7 U 40/02) - IHR 2004, 62 ff.; CISG-online Nr. 911: Zwar ist Brasilien nicht Vertragsstaat des Übereinkommens. Das UN-Kaufrecht war nach Art. 1 Abs. 1 lit. b) CISG trotzdem anwendbar, weil die Regeln des Internationalen Privatrechts zur Anwendung deutschen und damit dem Recht eines Vertragsstaats führten. Denn der Verkäufer mit Sitz in Deutschland erbrachte die vertragscharakteristische Leistung, vgl. Art. 28 Abs. 2 EGBGB. Das new agreement war als Änderung der geschlossenen Kaufverträge einzuordnen. Denn durch die Vereinbarung sollte die Zahlungsmodalität geändert und eine Stundung des Kaufpreises gewährt werden. Vertragsänderungen sind nach Art. 29 Abs. 1 CISG ohne weiteres möglich. Erfüllungsort für die Zahlungen aus dem new agreement war wie der für die Kaufpreiszahlungen (Art. 57 Abs. 1 CISG) in Deutschland. Deutsche Gerichte waren zuständig.

96. Müssen für einen Änderungsvertrag Formvorschriften eingehalten werden?

Grundsätzlich nein. Auch für Änderungsverträge ist der Grundsatz der Formfreiheit des Art. 11 CISG anwendbar. Etwas anderes gilt aber, wenn ein schriftlicher Vertrag die Bestimmung enthält, dass er nur schriftlich geändert werden kann. Nach nicht vereinheitlichtem deutschen Recht könnte eine solche Schriftformklausel wirksam auch mündlich aufgehoben werden (BGHZ 66, 378, 380f.). Nach Art. 29 Abs. 2 CISG wäre das nicht möglich. Die Änderung müsste dann tatsächlich schriftlich erfolgen.

Teil III des UN-Kaufrechts

I. Allgemeine Bestimmungen

1. Regelungsgegenstand

97. Was ist Regelungsgegenstand von Teil III des UN-Kaufrechts (Art. 25 bis 88 CISG)?

Teil III des UN-Kaufrechts ist das materielle Kaufrecht. Geregelt sind die Rechte und Pflichten der Vertragsparteien sowie die Folgen von Leistungsstörungen.

2. Wesentliche Vertragsverletzung

98. Das materielle Kaufrecht beginnt in Art. 25 CISG mit der Definition der „wesentlichen Vertragsverletzung". Wofür ist eine solch schwerwiegende Pflichtverletzung wichtig?

Die Grundidee besteht darin, dass nur besonders schwerwiegende Pflichtverletzungen zu besonders schwerwiegenden Rechtsfolgen führen. Das Vorliegen einer „wesentlichen Vertragsverletzung" ist insbesondere Voraussetzung für die Rechtsbehelfe „Vertragsaufhebung" (für den Käufer: Art. 49 Abs. 1 lit. a) und für den Verkäufer: Art. 64 Abs. 1 lit. b) CISG) und der „Nachlieferung" wegen vertragswidriger Beschaffenheit der Ware (nur für den Käufer: Art. 46 Abs. 2 CISG). Außerdem ist der Begriff der „wesentlichen Vertragsverletzung für den Gefahrenübergang von Bedeutung (Art. 70 CISG).

99. Wann ist eine Vertragsverletzung wesentlich i. S. d. UN-Kaufrechts?

Eine wesentliche Vertragsverletzung liegt unter zwei Voraussetzungen vor: Erstens muss die Vertragsverletzung für die andere Partei solche Nachteile bringen, dass ihr im Wesentlichen das entgeht, was sie nach dem Vertrag hätte erwarten dürfen. Zweitens muss diese Folge von der vertragsbrüchigen Partei vorhergesehen worden sein oder zumindest hätte sie eine vernünftige Person der gleichen Art vorhersehen müssen (Art. 25 CISG).

100. Was zum Beispiel ist eine „wesentliche Vertragsverletzungen" i. S. v. Art. 25 CISG?

Die besonders gravierende Vertragsverletzung ist wohl die der *Unmöglichkeit*. Erhält der Käufer die Ware nicht, weil die Leistung unmöglich geworden ist oder bereits anfänglich unmöglich war, liegt darin eine „wesentliche Vertragsverletzung". Auch *Verzug* kann eine wesentliche Vertragsverletzung darstellen, wenn es der vertragstreuen Vertragspartei entscheidend und erkennbar auf den Liefer- oder Zahlungstermin ankommt (bspw. beim Kauf von Saisonware). Die Vertragsverletzung *Schlechtleistung* in Form von mangelhafter Ware dürfte eher selten eine wesentliche Vertragsverletzung sein, weil Mängel in aller Regel behebbar sind.

101. Der deutsche Vermarkter der Rechte an der Deutschen Tourenwagenmeisterschaft (DTM) kaufte von der schweizerischen Werbeagentur aufblasbare Werbetriumphbögen. Bei deren erstem Einsatz auf dem Hockenheimring wurde einer der Bögen über der Boxengasse, die anderen neben der Strecke aufgestellt. Nach dem Beginn des Rennbetriebs knickte einer der Bögen infolge der Bodenerschütterungen zusammen. Aus Sicherheitsgründen ordnete die Rennleitung die Entfernung aller Triumphbögen an. Der Käufer zeigte dem Verkäufer den Mangel sofort an. Auf dessen Vorschlag, gemeinsam eine Lösung zu finden, erklärte der Käufer die Aufhebung des Vertrages. Aufhebung des Vertrages kann grundsätzlich nur bei einer wesentlichen Vertragsverletzung gefordert werden (Art. 49 Abs. 1 lit. a) CISG). Lag eine solche vor?

Nein (Handelsgericht Aargau v. 5.11.2002 (OR. 2001/00029) - IHR 2003 160; CISG-online Nr. 715). Die Triumphbögen waren freilich nicht vertragsgemäß, da sie sich nicht für den bestimmten und vereinbarten Werbezweck eigneten (Art. 35 Abs. 2 lit. b) CISG). Es lag also eine Vertragsverletzung vor. Sofortige Vertragsaufhebung kann der Käufer aber nur verlangen, wenn die Vertragsverletzung eine „wesentliche" ist (Art. 25 CISG).

Eine solche ist eine besonders schwerwiegende Beeinträchtigung der Interessen des Vertragspartners; bei der Beurteilung ist mitentscheidend, ob der Mangel behebbar und der Verkäufer willig ist nachzubessern. Sofortige Vertragsaufhebung wegen einer wesentlichen Vertragsverletzung kann z. B. verlangt werden, wenn der Liefertermin unbedingt einzuhalten oder das Einlassen auf eine Mängelbeseitigung unzumutbar ist. Diese Voraussetzungen waren aber nicht erfüllt. Der Käufer hatte kein Recht zur sofortigen Vertragsaufhebung.

102. Der deutsche Elektronik-Händler verkaufte an den israelischen Käufer mobile Autotelefone. Der Käufer hatte die Telefone bereits seinerseits an Endkunden weiterverkauft und war auf die Lieferung dringend angewiesen. Die Beteiligten einigten sich daher auf „schnellstmögliche" Lieferung nach Erhalt einer Anzahlung. Der Verkäufer bestätigte die Anzahlung und auch den Versand der Ware bis zum „nächsten Montag". Nachdem dies nicht geschah, erklärte der Käufer zwei Tage später die Aufhebung des Vertrages. Lag eine wesentliche Vertragsverletzung vor?

Ja (OLG Düsseldorf v. 21.4.2004 (I-15 U 88/03) - CISG-online Nr. 915). Israel war zum damaligen Zeitpunkt nicht Vertragsstaat des Übereinkommens. Das UN-Kaufrecht war nach Art. 1 Abs. 1 lit. b) CISG trotzdem anwendbar, weil die Regeln des Internationalen Privatrechts zur Anwendung deutschen und damit dem Recht eines Vertragsstaats führten. Denn der Verkäufer mit Sitz in Deutschland erbrachte die vertragscharakteristische Leistung, vgl. Art. 28 Abs. 2 EGBGB. Der Käufer konnte nur dann sofortige Vertragsaufhebung nach Art. 49 Abs. 1 lit. a) CISG verlangen, wenn die Vertragsverletzung eine wesentliche im Sinne von Art. 25 CISG war. Im Falle der Verzögerung ist das anzunehmen, wenn der Vertrag mit der fristgerechten Lieferung stehen und fallen sollte. Die Besonderheit bei Verzug als Vertragsverletzung liegt darin, dass die Vertragsverletzung bei längerer Dauer in eine wesentliche Vertragsverletzung umschlagen kann. Dies war vorliegend schon bei einer Verzögerung von nur zwei Tagen zu bejahen. Denn es war dem Verkäufer klar, dass der Käufer die Telefone dringend benötigte. Der Käufer verlangte die (sofortige) Vertragsaufhebung zu Recht.

103. Der deutsche Schuhhändler ließ bei dem italienischen Produzenten Schuhe mit dem Markenzeichen „Marlboro" herstellen. Der Schuhhändler hatte für die Nutzung dieser Marke ein Exklusivrecht erworben und machte gegenüber dem Produzenten in besonderer Weise deutlich, dass dieser keinesfalls selbst die Marke nutzen dürfte. Dessen ungeachtet stellte der Produzent Schuhe mit diesem Markenzeichen auf einer Messe als eigenes Produkt aus. Der Schuhhändler nahm dies zum Anlass, den Vertrag (per sofort) aufzuheben. Lag eine wesentliche Vertragsverletzung i. S. d. UN-Kaufrechts vor?

Ja (OLG Frankfurt v. 17.9.1991 (5 U 164/90) – NJW 1992, 633 f.; CISG-online Nr. 28). Der Vertrag unterfiel als Lieferungskauf i. S. v. Art. 3 Abs. 1 CISG dem UN-Kaufrecht. Typische Vertragsverletzungen sind bspw. Unmöglichkeit, Verzug oder Schlechtleistung. Diese lagen hier nicht vor. Aber auch die Verletzung von Nebenpflichten kann für eine Vertragspartei von so großer Bedeutung sein, dass eine „wesentliche Vertragsverletzung" anzunehmen ist. Der Schuhhändler hatte gegenüber dem Produzenten deutlich zu erkennen gegeben, dass die Wahrung des Markenrechts von elementarer Bedeutung war. Mit ihr sollte der Vertrag stehen oder fallen. Die Missachtung des Markenrechts war daher als wesentliche Vertragsverletzung anzusehen und rechtfertigte die sofortige Lösung vom Vertrag durch den Schuhhändler (Art. 49 Abs. 1 lit. a) CISG).

104. Sind die Maßstäbe, die an das Vorliegen einer „wesentlichen Vertragsverletzung" gelegt werden, im Vergleich der jeweiligen nationalen Gerichte eher hoch oder eher gering?

Entgegen der Vorgabe in Art. 7 Abs. 1 CISG, das UN-Kaufrecht international möglichst einheitlich anzuwenden, weichen die Gerichtsentscheidungen der Vertragsstaaten hinsichtlich der Beurteilung von „wesentlichen Vertragsverletzungen" erheblich voneinander ab. Dies liegt freilich an unterschiedlichen nationalen Wertungen und kulturellen Traditionen. Der BGH und das schweizerische Bundesgericht legen eher strenge Maßstäbe an, während österreichische, französische und auch US-amerikanische Gerichte leichter zur Annahme einer wesentlichen Vertragsverletzung neigen (*Schlechtriem*, Internationales UN-Kaufrecht, 4. Aufl. 2007, Rdn. 115).

105. Der deutsche Chemikalien-Händler kaufte von dem niederländischen Verkäufer für 250.000 € 15 Tonnen Kobaltsulfat, Herkunft: England, „technische Qualität". Geliefert wurde Kobaltsulfat aus Südafrika in sogenannter „Tierfutter-Qualität"; d. h. das Kobaltsulfat enthielt die Zugabe von Fließmittelzusatz, wodurch eine Verwendung für technische Zwecke ausgeschlossen war. Der Käufer erklärte daraufhin den Rücktritt. Erstens könne er die Tierfutter-Qualität nicht verwenden. Zweitens betreibe er Exportgeschäfte mit Indien und würde bei Ware aus Südafrika wegen des damaligen Embargos in „ungeahnte Schwierigkeiten" geraten. Konnte der Käufer wirksam vom Vertrag zurücktreten?

Nein (BGH v. 3.4.1996 (VIII ZR 51/95) - NJW 1996, 2364 ff.; IPRax 1997, 342 f.; ZIP 1996, 1041 ff.; CISG-online Nr. 135). Als Rechtsgrund einer Vertragsaufhebung kam nur Art. 49 Abs. 1 lit. a) CISG in Betracht. Voraussetzung ist danach eine wesentliche Vertragsverletzung i. S. v. Art. 25 CISG. Dem Käufer hätte also im Wesentlichen das entgehen müssen, was er nach dem Vertrag hätte erwarten dürfen. Bei Qualitätsmängeln kommt es darauf an, ob eine anderweitige Verarbeitung oder der Absatz der Ware im gewöhnlichen Geschäftsverkehr, wenn auch ggf. mit Preisabschlag, ohne unverhältnismäßigen Aufwand möglich und zumutbar ist. Dabei ist die Tendenz des UN-Kaufrechts zu berücksichtigen, die Vertragsaufhebung gegenüber den anderen Rechtsbehelfen wie Minderung oder Schadensersatz zurückzudrängen. Als Kaufgegenstand war Kobaltsulfat vereinbart. Kobaltsulfat wurde geliefert. Dem Käufer war es als Chemikalien-Händler zumutbar, sich um eine andere Verwertung des hinsichtlich der Verwendungsmöglichkeit abweichenden Kobaltsulfats zu bemühen. Eine wesentliche Vertragsverletzung lag nicht vor. Der Käufer konnte nicht die Vertragsaufhebung erklären.

3. Zugangs- und Absendeprinzip

106. Willenserklärungen werden nach nicht vereinheitlichtem deutschen Recht mit Zugang beim Empfänger wirksam (§ 130 BGB). Man spricht vom Zugangsprinzip. Gilt dieses auch im UN-Kaufrecht?

Das Zugangsprinzip gilt im UN-Kaufrecht nicht durchgängig. Anzeigen, Aufforderungen oder Mitteilungen, die aufgrund der Bestimmungen in Teil III des UN-Kaufrechts vorgesehen sind, werden bereits mit Absendung wirksam – Absendeprinzip (Art. 27 CISG). Ein Zugang ist für solche Erklärungen nicht erforderlich. Dies betrifft etwa Fristsetzungen, Warnungen (Art. 72 Abs. 2 CISG) und Anzeigen wie insbesondere die Mängelrüge (Art. 39 und Art. 43 CIGS). Praktisch bedeutsam ist, dass diese Erklärungen auf Risiko des Empfängers „reisen". Kommen sie nach Abgabe, aber vor Zugang abhanden, verstümmelt oder verspätet an, sind sie trotzdem wirksam. Voraussetzung ist allerdings, dass diese Erklärungen zugangsfähig sind, d. h. dass sie mit „nach den Umständen geeigneten Mitteln" gemacht werden. Waren schon die Mittel untauglich, sind sie unwirksam.

107. Der österreichische Obst- und Gemüsehändler kaufte vom deutschen Händler eine Position Ananas. Die Früchte waren zum großen Teil von Schimmel befallen, angefault und überreif. Der Käufer versuchte sofort, dem Verkäufer diesen Mangel telefonisch mitzuteilen, erreichte den Verkäufer jedoch nicht am Telefon. Sodann versuchte er, den Verkäufer mittels Telex zu informieren, konnte das Telexgerät aber nicht bedienen. Schließlich setzte der Käufer ein Telefax ab. Hierbei erhielt er die Fehler-Meldung, dass das Telefaxgerät des Verkäufers „die Sendung nicht übernommen" hatte. Der Verkäufer verlangte den Kaufpreis und war der Meinung, der Käufer könne sich nicht auf etwaige Mängel berufen, weil der Mangel nicht ordnungsgemäß angezeigt worden war. War die Mängelanzeige wirksam?

Ja (OGH Österreich v. 30.6.1998 (1 Ob 273/97x) - östZRVgl 1999, 249; CISG-online Nr. 410). Der Käufer verliert nach Art. 39 Abs. 1 CISG das Recht, sich auf die Vertragswidrigkeit der Ware zu berufen, wenn er dem Verkäufer den Mangel nicht rechtzeitig anzeigt. Allerdings gilt im UN-Kaufrecht die sogenannte Absendetheorie für Mitteilungen nach Teil III des Abkommens, Art. 27 CISG: Soweit eine Partei eine Anzeige mit den nach den Umständen geeigneten Mitteln macht, kann sie sich auf diese Anzeige auch dann berufen, wenn die Anzeige den Empfänger gar nicht erreicht. Das Verlustrisiko einer ordnungsgemäß auf den Weg gebrachten Anzeige trägt demnach der Empfänger. Der Käufer konnte sich daher auf die Mängelanzeige berufen. Der Kaufpreis war entsprechend zu mindern.

108. Gilt das Absendeprinzip (Art. 27 CISG) auch für die Vertragsschlusserklärungen?

Nein. Antrag und Annahme sind keine Erklärungen des Teil III des UN-Kaufrechts, sondern in Teil II geregelt (Art. 27 CISG). Für beide Erklärungen ist das Zugangsprinzip zudem in Art. 15 Abs. 1 und Art. 18 Abs. 2 CISG ausdrücklich festgeschrieben. D. h. diese Erklärungen „reisen" auf Risiko des Erklärenden. Gehen sie dem Empfänger nicht zu, sind sie nicht wirksam.

II. Pflichten des Verkäufers

1. Lieferungspflichten

109. Welches sind die wesentlichen Pflichten des Verkäufers auf der Grundlage des UN-Kaufrechts?

Der Verkäufer muss dem Käufer die Ware liefern, die sie betreffenden Dokumente übergeben und das Eigentum an der Ware verschaffen (Art. 30 CISG).

110. Art. 30 CISG spricht von Dokumenten, die der Verkäufer dem Käufer übergeben muss. Welche Dokumente sind gemeint?

Die Art der zu übergebenden Dokumente ergibt sich primär aus der Parteivereinbarung; soweit INCOTERMS vereinbart sind, enthalten diese eine detaillierte Dokumentenregelung. In der Praxis spielen insbesondere Transportdokumente (bspw. Konnossement, Frachtbriefdoppel), Lagerpapiere (bspw. Lagerschein, Lieferschein) oder Versicherungsdokumente eine Rolle.

111. Weichen die grundsätzlichen Verkäuferpflichten nach dem UN-Kaufrecht von denen des BGBs ab?

Nein. Die Pflichten nach Art. 30 CISG sind im Wesentlichen dieselben wie nach § 433 Abs. 1 S. 1 BGB; die in Art. 30 CISG ausdrücklich genannte Pflicht zur Übergabe der Dokumente besteht nach BGB ebenfalls und ergibt sich zumindest als Nebenpflicht aus dem Kaufvertrag.

2. Ort der Lieferung

112. Wo muss der Verkäufer nach den Bestimmungen des UN-Kaufrechts im Regelfall leisten?

Das UN-Kaufrecht erfasst zunächst den Fall, dass der Vertrag eine Beförderung der Ware vorsieht. Dies ist in der Praxis meistens der Fall ist. Es liegt dann eine *Schickschuld*, ein *Versendungskauf* vor. Der Verkäufer muss die Ware an den ersten Beförderer zur Übermittlung an den Käufer übergeben (Art. 31 lit. a) CISG).

113. Wo muss der Verkäufer nach den Bestimmungen des UN-Kaufrechts leisten, wenn keine Beförderung der Ware vorgesehen ist?

Sieht der Vertrag nicht die Beförderung der Ware vor, geht das UN-Kaufrecht von einer *Holschuld* aus. Der Verkäufer muss dem Käufer die Ware dann nur „zur Verfügung stellen" (Art. 31 lit. b) CISG). Die Regelungen über das „Wo" sind recht kompliziert und decken vier Konstellationen ab: 1. es geht um bestimmte Ware (bspw. 36 LKWs) und beide Parteien wissen, wo sie sich befindet; 2. es geht um Ware aus einem Vorrat (bspw. 1.000 Tonnen Öl aus einem 2.000 Tonnen fassenden Schiffstank) und beide Parteien wissen, wo sich das Schiff befindet; 3. es geht um Ware, die erst noch hergestellt werden muss und beide Parteien wissen, wo sich die Produktionsstätte (bspw. Fabrik oder Werkstatt) befindet; 4. es geht um zu erzeugende Ware (bspw. Holz, Mais, Baumwolle, Kies) und beide Parteien wissen, wo sich die Erzeugungsstätte (bspw. Wald, Felder,

Kiesgrube) befindet. In allen Konstellationen muss der Verkäufer an dem Ort leisten (d. h. die Ware zur Abholung zur Verfügung stellen), an dem sich die Ware befindet bzw. an dem sie herzustellen oder zu erzeugen ist.

114. Das schweizerische Bauunternehmen kaufte vom italienischen Maschinenbauer Tunnelbaugerät für 3 Mio. €. Als Erfüllungsort war die Baustelle des Käufers in Bad Godesberg (Deutschland) vereinbart. Hinsichtlich der Kostentragung des Versandes hatten die Parteien nichts vereinbart. Welche der Parteien musste die Kosten für den Transport der Geräte zur Baustelle tragen?

Der Käufer (Kantonsgericht Schaffhausen v. 25.2.2002 (12/1997/322) - CISG-online Nr. 723). Der Vertrag verlangte eine Beförderung der Geräte nach Bad Godesberg. Damit erfüllte der Verkäufer seine Lieferpflicht mit der Übergabe der Ware an den ersten Beförderer, Art. 31 lit. a) CISG. Hinsichtlich der Kostentragung war nichts vereinbart. Auch enthält das UN-Kaufrecht keine ausdrückliche Regelung. Diese Lücke musste daher durch die allgemeinen Grundsätze des UN-Kaufrechts geschlossen werden, Art. 7 Abs. 2 CISG. Das Prinzip ist, dass jede Partei die Kosten ihrer eigenen Leistungen zu tragen hat. Beim Versendungskauf besteht die Pflicht des Verkäufers in der Übergabe der Ware an den ersten Beförderer. Der Verkäufer ist nicht zur Durchführung des Transports verpflichtet. Diese Kosten trafen daher den Käufer.

115. Der deutsche Marzipanhersteller aus Lübeck verkaufte an den französischen Käufer Marzipanmasse nach Straßburg. Im Vertrag fand sich die Klausel: „Die genannten Preise gelten frei Straßburg." Später zeigte sich, dass das Marzipan wegen „osmotoleranter Hefe" ungenießbar war. Verkäufer und Käufer stritten über die Verantwortlichkeit für den Mangel. Für die Frage eines Gerichtsstands war der Erfüllungsort entscheidend. Wo lag dieser?

In Lübeck (BGH v. 11.12.1996 (VIII ZR 154/95) - NJW 1997, 870 ff.; ZIP 1997, 519 ff.; IPRax 1997, 348 ff.; CISG-online Nr. 225). Es war zunächst zu entscheiden, ob die Gerichte in Lübeck oder in Straßburg für die Streitigkeit zuständig waren. Im

Grundsatz sind die Gerichte am Erfüllungsort zuständig. Der Erfüllungsort liegt nach Art. 31 CISG regelmäßig beim Verkäufer, hier also in Lübeck, weil dies der Ort ist, an dem der Verkäufer die Ware zu verschicken hatte. Zu prüfen war, ob die Klausel „frei Straßburg" hiervon abweichend den Erfüllungsort nach Straßburg legen sollte. Dann wären die Gerichte in Straßburg zuständig gewesen. Die Klausel musste demnach gemäß Art. 8 CISG ausgelegt werden. Dabei ist erst auf den (hypothetischen) Willen der Beteiligten und sonst auf den objektiven Erklärungsinhalt abzustellen. Da die „frei-Klausel" im Zusammenhang mit den Preisen stand und nicht im Zusammenhang mit dem Ort, an dem die Lieferpflicht zu erfüllen war, konnte aus ihr nur eine Kostenregelung abgeleitet werden. Den Erfüllungsort sollte sie nicht ändern. Demgegenüber kam es nicht darauf an, dass den „frei-Klauseln" in Frankreich ein stärkerer Erklärungswert, nämlich ein solcher, der auch den Erfüllungsort regelt, zugemessen wird. Die Klausel änderte daher am Erfüllungsort (Ort des Verkäufers) in Lübeck nichts. Deutsche Gerichte waren zuständig.

3. Versicherung und Zeit der Lieferung

116. Ist der Verkäufer nach dem UN-Kaufrecht verpflichtet, die versendete Ware (etwa gegen Transportschäden) zu versichern?

Wenn der Verkäufer nach dem Vertrag die Ware versenden muss (Regelfall – Art. 31 lit. a) CISG), ist er verpflichtet, alle für die Versendung erforderlichen und für solche Beförderungen üblichen Verträge abzuschließen (Art. 32 Abs. 1 CISG). Schweigt der Kaufvertrag zur Frage einer Transportversicherung, bedeutet dies also noch nicht, dass eine solche nicht abgeschlossen werden muss. Besteht ein Handelsbrauch oder ist es auch nur üblich, dass vorsichtige Kaufleute im fraglichen Fall die Ware versichern, trifft den Verkäufer eine entsprechende Pflicht (Art. 32 Abs. 2 CISG). Dies liegt nahe bei wertvollen und/oder empfindlichen Gütern sowie bei riskanten Transportwegen.

117. Wann muss der Verkäufer nach den Bestimmungen des UN-Kaufrechts im Regelfall leisten?

Wenn nichts anderes vereinbart ist, muss der Verkäufer die Ware „innerhalb einer angemessenen Frist nach Vertragsabschluss" liefern (Art. 33 lit. a) bis c) CISG). Wie lange „angemessen" ist, bestimmt sich nach den Umständen des Einzelfalls. Handelt es sich um herzustellende oder von Dritten zu beschaffende Ware, ist die Produktions- bzw. Beschaffungszeit einzurechnen. Ist die Ware vorrätig, ist dem Verkäufer lediglich noch Zeit zu geben, sie versandfertig zu machen. Die Leistungszeit nach dem UN-Kaufrecht ist regelmäßig länger als nach dem BGB. Nach § 271 Abs. 1 BGB muss im Zweifel „sofort" geleistet werden.

118. Der deutsche Ketchup-Hersteller bestellte bei dem dänischen Flaschenhersteller 1 Mio. Ketchup-Flaschen. Die Flaschen sollten in den Kalenderwochen 19/20 geliefert werden. Nach Vertragsschluss äußerte der Käufer den Wunsch nach einer geänderten Flaschenform; hierzu war der Verkäufer bereit. Er berichtete sodann regelmäßig über den Fortgang der Produktion, insbesondere über Maßnahmen im Zusammenhang mit der geänderten Flaschenform. Die Ketchup-Flaschen wurden erst in der 23. Kalenderwoche geliefert. Aus der verzögerten Lieferung resultierte beim Käufer ein Schaden, den er vom Verkäufer ersetzt verlangte. Hat der Verkäufer seine Pflichten verletzt und zu spät geleistet?

Nein (OLG Rostock v. 15.9.2003 (3 U 19/03) - CISG-online Nr. 920). Der Anspruch auf Schadensersatz setzt eine Vertragsverletzung voraus (Art. 74 CISG). Eine solche lag womöglich darin, dass der Verkäufer den zunächst vereinbarten Liefertermin nicht eingehalten hatte. In der Festlegung der 19./20. Kalenderwoche als Lieferzeit lag ein Zeitraum im Sinne von Art. 33 lit. b) CISG, binnen dessen der Verkäufer zu liefern hatte. Allerdings war in dem Wunsch nach veränderter Flaschenform ein Antrag auf Abänderung des geschlossenen Vertrages zu sehen (Art. 29 CISG). Diesen Antrag hatte der Verkäufer angenommen, aber nicht mit dem Inhalt des ursprünglichen Termins der Fertigstellung. Der geänderte Vertrag enthielt keine Angaben über den Zeitpunkt der Lieferung. Der Liefertermin musste also nach Art. 33 lit. c) CISG bestimmt werden, wonach binnen angemessener Frist nach Vertragsschluss zu liefern ist. Angesichts der Größe des Auftrags und der fortlaufenden Berichterstattung durch den Verkäufer war die Verlängerung der Frist um 3 Wochen als angemessen anzusehen.

119. Was passiert, wenn der Verkäufer früher als vereinbart liefern möchte?

Liefert der Verkäufer vor dem vereinbarten Termin, so liegt die Entscheidung beim Käufer, ob er die Ware annimmt oder die Annahme verweigert (Art. 52 Abs. 1 CISG).

4. Vertragsmäßigkeit der Ware

120. Wann ist die Ware nach der Vorstellung des UN-Kaufrechts in erster Linie vertragsgemäß?

Das UN-Kaufrecht stellt zunächst darauf ab, dass die Ware hinsichtlich Menge, Qualität bzw. Art und Verpackung bzw. Behältnis den Vorgaben zu entsprechen hat, die der Vertrag vorsieht (Art. 35 Abs. 1 CISG).

121. Der deutsche Computerhändler kaufte von dem holländischen Verkäufer 4 Paletten Personalcomputer. Weisungsgemäß lieferte der Verkäufer die Ware direkt an den Endabnehmer, einen Kunden des Käufers. Der Endabnehmer quittierte den Empfang der Ware auf dem Frachtbrief; der Verkäufer stellte dem Käufer eine detaillierte und vollständige Rechnung aus. Später reklamierte der Käufer, dass zu wenig Computer geliefert worden seien und verweigerte insoweit die Zahlung. War die Ware vertragsgemäß?

Ja (LG Tübingen v. 18.6.2003 (21 O 11/03) - IHR 2003, 236 ff.; CISG-online Nr. 784). Die Beweislast für die Vertragsmäßigkeit der Ware ist im UN-Kaufrecht nicht ausdrücklich geregelt. Nach allgemeinen Prinzipien hat aber der Verkäufer die Vertragsmäßigkeit bei Gefahrübergang zu beweisen. Die Angaben im Frachtbrief und auf der Rechnung waren Anscheinsbeweis für die Vertragsmäßigkeit und Vollständigkeit der Computer bei

Übergabe. Darüber hinaus sprachen die allgemeine Lebenserfahrung und eine hohe Wahrscheinlichkeit bei gewerblichen Handelsteilnehmern für die Richtigkeit der gemachten Angaben. Diesen Anscheinsbeweis konnte der Käufer nicht erschüttern. Der Käufer musste auch die Computer bezahlen, die angeblich zu wenig geliefert waren. *Anmerkung*: Das Gericht hat sich auf eine Entscheidung des BGHs zum Anscheinsbeweis im Transportrecht gestützt (vgl. BGH v. 24.10.2001, TranspR 2003, 156). Eine Übertragung dieser Grundsätze auf alle Bereiche des UN-Kaufrechts dürfte wohl zu weit gehen.

122. Wie auch § 434 BGB geht das UN-Kaufrecht vom sog. „subjektiven Fehlerbegriff" aus. Was ist darunter zu verstehen?

Nach der Wertung des Art. 35 CISG sind für die Einschätzung der Sacheigenschaften die Vereinbarungen der Vertragspartner entscheidend, nicht etwa objektive Qualitätsstandards. Dies kann dazu führen, dass ein und dieselbe Kaufsache bei dem einen Käufer mangelfrei sein kann und beim anderen mangelhaft. Beispiel: Die Kaufsache ist ein fahruntüchtiges Auto. Für den Käufer, der damit fahren möchte, ist das Auto mangelhaft. Für den Schrotthändler, der an den verarbeiteten Metallen interessiert ist, ist das Auto mangelfrei.

123. Der belgische Händler kaufte vom deutschen Hersteller „Biogerste". Nach einer europäischen Verordnung (Nr. 2092/91) darf Gerste nur dann als Biogerste bezeichnet werden, wenn sie ökologisch hergestellt wurde *und* untrennbar und unverwechselbar mit Papieren verbunden ist, die dies belegen. Die Gerste war zwar ökologisch hergestellt worden, wurde zum Käufer aber ohne entsprechende Begleitpapiere transportiert. Auf Verlangen der belgischen Behörden musste daher der „bio"-Hinweis entfernt werden. Normale Gerste ist nur halb so viel wert wie Biogerste. Dies reklamierte der Käufer und berief sich auf eine Vertragsverletzung. War die Ware vertragsgemäß?

Nein (OLG München v. 13.11.2002 (27 U 346/02) - CISG-online Nr. 786). Durch die Trennung von ihren Begleitpapieren verlor die Gerste die Berechtigung, als „bio" bezeichnet zu werden. Die Gerste war damit nicht vertragsgemäß im Sinne von

Art. 35 Abs. 1 CISG, denn vertraglich geschuldet war erstens ökologisch angebaute Geste und zweitens Gerste, die zulässigerweise als Biogerste bezeichnet werden darf. An letzterem fehlte es. Ob sie tatsächlich biologisch hergestellt war oder nicht, spielte keine Rolle.

124. Die Vertragsparteien werden in einem Kaufvertrag selten alle Eigenschaften der Kaufsache regeln (können). Wann ist die Ware vertragsgemäß i. S. d. UN-Kaufrechts, wenn es keine vertragliche Regelung gibt?

Das UN-Kaufrecht enthält gesetzliche Standards hinsichtlich der vertragsmäßigen Beschaffenheit der Ware in Art. 35 Abs. 2 lit. a) bis c) CISG. Die Regelung ähnelt § 434 BGB. So ist die Ware vertragsgemäß, wenn sie (i) sich für die Zwecke eignet, für die Ware der gleichen Art gewöhnlich gebraucht wird, (ii) sich für den vertraglich vorausgesetzten Zweck eignet oder (iii) die Eigenschaften eines Musters oder einer Probe hat.

125. Die Ware ist u. a. vertragsgemäß, wenn sie sich für Zwecke eignet, für die Ware der gleichen Art gewöhnlich gebraucht wird (Art. 35 Abs. 2 lit. a) CISG). Wenn man bedenkt, dass das UN-Kaufrecht (weltweit) grenzüberschreitende Kaufverträge regelt, ist dieses Qualitätskriterium für einige Waren und einige Länder nur eingeschränkt tauglich. Warum?

Der gewöhnliche Gebrauch von Waren ist weltweit oft nicht einheitlich. Dies liegt u. a. an den unterschiedlichen kulturellen, religiösen und traditionellen Vorgaben. So ist der Verzehr von Insekten, Affen und Rind- oder Schweinefleisch in manchen Ländern normal und üblich, in anderen Ländern undenkbar. Auch die weltweit ungleiche Verteilung von Armut und Reichtum übt sich auf den üblichen Gebrauch von Waren aus. „Normale" Sicherheitsbestimmungen in den Industrienationen werden in armen Ländern als teurer Luxus bewertet. Ein gewöhnlicher Warengebrauch ist daher eher in vergleichbaren Ländern mit homogenen Märkten ein taugliches Kriterium, um die Vertragsmäßigkeit festzustellen.

126. Muss der Verkäufer die Ware nach dem UN-Kaufrecht verpacken?

Ja. Die Ware ist nur dann vertragsgemäß, wenn sie in üblicher Weise verpackt ist. Gibt es keine übliche Verpackung, muss sie in einer für ihre Erhaltung und ihrem Schutz wirksamen Weise verpackt sein (Art. 35 Abs. 2 lit. d) CISG). Zu berücksichtigen sind dabei Art und Dauer des Transports, Empfindlichkeit der Ware und etwa die klimatischen Verhältnisse.

127. Der italienische Raumausstatter lieferte an die deutsche Autovermietung Globen als Gerüst für Werbemonitore im Gesamtwert von über 300.000 €. Die hochwertigen Metall-Globen, deren Einzelgewicht 290 kg betrug, wurden von Elektromotoren betrieben, die eine hin und her schwenkende Bewegung erzeugen sollten. Bald stellte sich heraus, dass die Motoren eine „billige und windige Konstruktion" und höchstens für Kurz-, nicht aber für den Dauerbetrieb geeignet waren. Der Verkäufer verlangte Kaufpreiszahlung, die der Käufer wegen der minderwertigen Motoren verweigerte. War die Ware vertragsgemäß?

Nein (LG München v. 27.2.2002 (5 HKO 3936/00) - CISG-online Nr. 654). Ob die Globen vertragsgemäß waren, richtete sich nach Art. 35 CISG. Über die Qualität der Antriebsmotoren hatten die Parteien keine Einigung getroffen. Vertragsmäßigkeit war daher gegeben, wenn die Globen sich für einen bestimmten Zweck eigneten, die dem Verkäufer bei Vertragsschluss ausdrücklich oder sonst wie zur Kenntnis gebracht wurde (Art. 35 Abs. 2 lit. b) CISG). Der Verkäufer wusste, dass die Globen als repräsentative Ausstellungsstücke langjährig verwendet werden sollten. Es war daher von einer konkludent vereinbarten Mindestnutzdauer von 3 Jahren auszugehen. Da die Motoren dafür nicht geeignet waren, war die Ware nicht vertragsgemäß. Eine wesentliche Vertragsverletzung nach Art. 25 CISG, die dem Käufer ggf. ein Rücktrittsrecht gegeben hätte, lag jedoch nicht vor, da die Globen sehr wohl als repräsentatives Raumausstattungselement verwendet werden konnten. Weil die Globen aber nicht vertragsgemäß waren, war der Kaufpreis um 30 % zu mindern (Art. 50 CISG).

128. Zum Zwecke des Weiterverkaufs kaufte der österreichische Händler vom deutschen Verkäufer mehrere „Bestückungsautomaten". Im Vertrag war nicht vereinbart, dass die Geräte nicht die europäische Qualitäts- und Sicherheitskennzeichnung „CE" aufwiesen. Allerdings wussten die Parteien davon. Das fehlende CE-Zeichen machte einen Weiterverkauf innerhalb des EU-Raumes unmöglich und hatte den „Billigverkauf" in den asiatischen Raum zur Folge. Später wollte der Käufer Gewährleistungsrechte gelten machen und reklamierte, dass die Ware nicht vertragsgemäß war. Zu Recht?

Nein (OGH Österreich v. 13.4.2000 (2 Ob 100/00w) - ZfRVgl 2000, 231; CISG-online Nr. 576). Weil die fehlende CE-Kennzeichnung im Vertrag nicht vereinbart war, war Art. 35 Abs. 2 CISG maßgebend. Die Vorschrift stellt hinsichtlich der Vertragsmäßigkeit der Ware objektive Mindeststandards auf. Notwendig ist, dass die Ware dem gewöhnlichen (Art. 35 Abs. 2 lit. a) CISG) oder einem bestimmten (Art. 35 Abs. 2 lit. b) CISG) Gebrauchszweck entspricht. Dabei sind grundsätzlich die Standards im Land des Verkäufers maßgeblich. Vom Verkäufer kann nicht erwartet werden, dass er die Besonderheiten des Käufer- oder Verwendungsstaats kennt. Es ist also Sache des Käufers, die in seinem Land geltenden öffentlich-rechtlichen Bestimmungen einzuhalten. Will er dieses Risiko nicht tragen, muss er für eine entsprechende Risikoverteilung im Vertrag sorgen. Der Käufer konnte sich insoweit nicht auf eine Vertragswidrigkeit der Ware berufen.

129. Der niederländische Großhändler für Fischereiprodukte verkaufte an den österreichischen Käufer einen Container tiefgefrorene Gelbflossenscholle. Die Ware wurde bezahlt und unmittelbar an den Endabnehmer nach Lettland geliefert. Daraufhin kaufte der Käufer weitere drei Container „same as last". Nach der Lieferung nach Lettland stellte sich heraus, dass der Fisch in allen vier Containern bereits über ein Jahr alt war. Dies führte dazu, dass er viel weniger wert als Frischware und nach den lettischen Bestimmungen für menschlichen Verzehr verboten war. Der Käufer berief sich darauf, dass die Ware nicht vertragsgemäß war. Zu Recht?

Ja (OGH Österreich v. 27.2.2003 (2 Ob 48/02a) - IHR 2004, 25; IPrax 2004, 350 ff.; CISG-online Nr. 794). Das Gericht hatte festzustellen, ob der Fisch in den drei Containern vertragsgemäß war. Dieser sollte so sein wie der Fisch in dem ersten Container. Das Geschäft war mithin als Kauf nach Probe oder Muster einzuordnen. Nach Art. 35 Abs. 2 lit. c) CISG entspricht die Ware dem Vertrag, wenn sie die Eigenschaften hat, die der vorgelegten Probe entsprechen. Der Fisch in den drei Containern hatte die gleichen Eigenschaften wie der Fisch im ersten Container. Trotzdem war die Ware nicht vertragsgemäß, weil sich sowohl die Probe als auch die Ware nicht für den gewöhnlichen Gebrauch geeignet hatten. Im Ergebnis war sowohl der Fisch im ersten Container als auch der Fisch in den weiteren drei Containern nicht vertragsgemäß.

130. Der deutsche Fischhändler kaufte vom schweizerischen Verkäufer 1.750 Kilo neuseeländische Muscheln. Die Muscheln waren nach schweizerischem Lebensmittelrecht nicht zu beanstanden. Sie hatte aber einen Cadmiumgehalt, der vom deutschen Gesundheitsamt wegen Überschreitung der deutschen Grenzwerte als „nicht unbedenklich und nicht tolerierbar" bezeichnet wurde. Der Verkäufer erklärte daraufhin die Lösung vom Vertrag. Waren die Muscheln vertragsgemäß?

Ja (BGH v. 8.3.1995 (VIII ZR 159/94) - NJW 1995, 2099 ff.; IPrax 1996, 29 ff.; CISG-online Nr. 144). Eine Aufhebung des Kaufvertrages setzt nach Art. 49 Abs. 1 lit. a) CISG eine wesentliche Vertragsverletzung im Sinne von Art. 25 CISG voraus. Der BGH stellte jedoch fest, dass die Muscheln vertragsgemäß waren. Nach Art. 35 Abs. 2 lit. a) und b) CISG ist die Ware nicht vertragsgemäß, wenn sie sich für den gewöhnlichen Gebrauchszweck oder einen bestimmten, dem Verkäufer zur Kenntnis gebrachten Zweck nicht eignet. Die Muscheln waren wegen deutscher öffentlich-rechtlicher Vorgaben für einen Wiederverkauf oder Verzehr in Deutschland nicht geeignet. Grundsätzlich kann aber die Einhaltung besonderer öffentlich-rechtlicher Vorschriften im Käufer- oder Verwendungsstaat vom Verkäufer nicht erwartet werden. Vielmehr ist es der Käufer, der Kenntnisse über die Verhältnisse in seinem Land oder in dem von ihm vorgesehenen Bestimmungsland haben muss. Es würde überspannte Anforderungen bedeuten, dem Verkäufer aufzuerlegen, die ihm fremden und schwer zu ermittelnden öffentlich-rechtlichen Bestimmungen und Verwaltungspraktiken im Importland zu kennen. Der Käufer hatte demnach kein Aufhebungsrecht. Die Muscheln waren vertragsgemäß und mussten bezahlt werden. *Anmerkung:* Die Entscheidung entspricht auch der höchstrichterlichen Rechtsprechung in Österreich und ergibt sich bspw. aus OGH Österreich v. 19.4.2007 ((6 Ob 56/07i) – CISG-online Nr. 1495).

5. Flankierende Regelungen zur Vertragsmäßigkeit

131. Kann sich ein Käufer nach dem UN-Kaufrecht auf die fehlende Vertragsmäßigkeit der Ware berufen, wenn er diese kennt?

Nein. Hat der Käufer zum Zeitpunkt des Vertragsschlusses Kenntnis vom Mangel, haftet der Verkäufer für diese Vertragswidrigkeit nicht (Art. 35 Abs. 3 CISG). Der Kenntnis vom Mangel steht es gleich, wenn der Käufer über die Vertragswidrigkeit nicht in Unkenntnis sein konnte. Letzteres wird im Allgemeinen im Sinne einer groben Fahrlässigkeit verstanden (vgl. Staudinger/*Magnus*, Art. 35 Rdn. 48).

132. Zu welchem Zeitpunkt muss die Ware nach dem UN-Kaufrecht vertragsgemäß sein?

Entscheidender Zeitpunkt für das Vorliegen der Vertragsmäßigkeit der Ware ist der Übergang der Gefahr auf den Käufer (Art. 36 CISG). Liegt bei Gefahrübergang Vertragsmäßigkeit vor, stehen dem Käufer grundsätzlich keine Gewährleistungsrechte zu, wenn sich die Ware danach verschlechtert und nicht mehr dem Vertrag entspricht.

133. Wann geht die Gefahr auf den Käufer über?

Der Gefahrübergang richtet sich primär nach dem Vertrag (oft über Handelsklauseln) und hilfsweise nach Art. 67 bis 69 CISG. Häufigster Fall ist der des Art. 67 Abs. 1 S. 1 CISG: Wenn die Ware befördert werden soll, geht die Gefahr auf den Käufer über, sobald der Verkäufer sie vertragsgemäß an den ersten Beförderer zur Übermittlung an den Käufer übergeben hat.

134. Haftet der Verkäufer für versteckte Mängel?

Ja. War die Vertragswidrigkeit zum Zeitpunkt des Gefahrübergangs nicht erkennbar, steht das der Haftung des Verkäufers nicht entgegen (Art. 36 Abs. 1 a. E. CISG). Dies betrifft etwa Ware, die bei Gefahrenübergang keine Mängel zeigt, in Wahrheit aber mangelhaft ist. Beispiel: Optisch zunächst einwandfreie Kleidung läuft nach dem ersten Waschen über das übliche Maß hinaus ein oder erweist sich als nicht farbecht.

135. Gibt es im Anwendungsbereich des UN-Kaufrechts Garantien?

Ja. Nach Art. 37 Abs. 2 CISG muss der Verkäufer auch für nach Gefahrübergang auftretende Vertragswidrigkeiten einstehen, wenn er die Garantie dafür übernommen hat, dass die Ware für eine bestimme Zeit wie vertraglich vorgesehen nutzbar und geeignet bleibt. Oft betrifft dies ausdrücklich erklärte Herstellergarantien wie etwa „2 Jahre", „50.000 Kilometer" oder „10.000 Betriebsstunden".

136. Bis zu welchem Zeitpunkt darf der Verkäufer nach dem UN-Kaufrecht die fehlende Vertragsmäßigkeit der Ware beheben?

Der Verkäufer hat grundsätzlich dafür einzustehen, dass die Ware zum Zeitpunkt des Gefahrenübergangs vertragsmäßig ist (Art. 36 Abs. 1 CISG). Danach hat er im Wege der Gewährleistung für die Vertragswidrigkeit einzustehen. Liefert der Verkäufer allerdings vorzeitig an den Käufer, hat er das Recht, die Mängel noch zu beheben. Dieses Recht verliert er jedoch, wenn dem Käufer dadurch unzumutbare Unannehmlichkeiten oder unverhältnismäßige Kosten entstehen (Art. 37 CISG).

6. Untersuchung der Ware und Rüge

a) Untersuchung der Ware

137. Was sollte ein Käufer auf der Grundlage des UN-Kaufrechts als erstes nach Lieferung der Ware tun?

Den Käufer trifft die *Obliegenheit*, die Ware innerhalb so kurzer Frist zu untersuchen, wie es die Umstände erlauben (Art. 38 Abs. 1 CISG). Es handelt sich strenggenommen um *keine Pflicht*, da der Käufer die Untersuchung im eigenen Interesse vornehmen sollte.

138. Der deutsche Baustoffhändler kaufte vom italienischen Hersteller Schachtabdeckungen nebst den zugehörigen Rahmen für Straßenbeläge. Der Käufer nahm die Ware in Augenschein und bemerkte dabei keine Auffälligkeiten. Nach mehreren Wochen wurden die Schachtabdeckungen eingebaut und dabei in ihre Rahmen verschraubt. Bei Belastung durch das Betreten von Personen stellten sich nun Klappergeräusche heraus. Konnte sich der Käufer auf Schadensersatz- oder Minderungsansprüche berufen?

Nein (OLG Dresden v. 8.11.2007 (9 U 68/07) – CISG-online Nr. 1624). Der Käufer hatte das Recht, sich auf die Vertragswidrigkeit zu berufen, verloren, da er die Ware nicht binnen einer angemessen Frist ordnungsgemäß untersucht hatte (Art. 38 Abs. 1, 39 Abs. 1 CISG). Es stellte sich insbesondere die Frage, wie intensiv die Untersuchung der Ware stattzufinden hatte. Der Käufer durfte sich keinesfalls auf die von ihm vorgenommene visuelle Überprüfung der Schachtabdeckungen beschränken. Vielmehr hätte es ihm oblegen, die Ware – jedenfalls stichprobenartig – entsprechend ihrer vertragsgemäßen Verwendung zusammenzusetzen, Abdeckung und Rahmen mittels Schrauben zu arretieren und sie sodann einfachen Druckversuchen auszusetzen. Eine Überprüfung des Vertragsgegenstandes auf Mängel setzt naturgemäß voraus, dass die Ware in den vertraglich geschuldeten Zustand verbracht werden muss.

139. Binnen welcher Frist muss der Käufer nach dem UN-Kaufrecht die Ware untersuchen?

Der Käufer muss die Ware binnen so kurzer Frist untersuchen, wie es die Umstände erlauben (Art. 38 Abs. 1 CISG). Diese weiche Formulierung soll den Besonderheiten des Einzelfalls gerecht werden. Verderbliche Ware wird schnellstens zu untersuchen sein, bei komplizierten Industrieanlagen hat der Käufer freilich mehr Zeit, um ggf. auch die Funktionsfähigkeit bei Dauerbetrieb beurteilen zu können.

140. Wann beginnt die Untersuchungsfrist bei Waren, die nach dem Vertrag befördert werden müssen - also im Regelfall?

Erfordert der Vertrag die Beförderung der Ware, kann die Untersuchung bis nach dem Eintreffen der Ware am Bestimmungsort aufgeschoben werden (Art. 38 Abs. 2 CISG).

141. Wann beginnt die Untersuchungsfrist bei Waren, die durch den Käufer umgeleitet oder weiter versendet werden?

Wenn der Verkäufer die Möglichkeit der Umleitung oder Weiterversendung kennt oder kennen muss, beginnt die Untersuchungsfrist erst nach dem Eintreffen der Ware am neuen Bestimmungsort (Art. 38 Abs. 3 CISG). Dadurch wird gewährleistet, dass die Verpackung der Ware nicht schon vor Eintreffen am endgültigen Bestimmungsort geöffnet werden muss.

142. Der deutsche Stahlhersteller verkaufte Edelstahlbleche an den holländischen Zwischenhändler. Der Verkäufer lieferte die Ware in das Lager des Käufers in den Niederlanden. Absprachegemäß war dort bereits der Endabnehmer des Käufers anwesend; dieser Endabnehmer übernahm die Ware unmittelbar vom deutschen Verkäufer und transportierte sie in die Türkei. Später reklamierte der Endabnehmer Qualitätsmängel. Der Verkäufer berief sich darauf, dass der niederländische Käufer die Ware nicht bereits in den Niederlanden und dort rechtzeitig, nämlich nicht binnen kurzer Frist, untersucht hätte. Zu Recht?

Nein (OLG Düsseldorf v. 23.1.2004 (I-17 U 110/02) - CISG-online Nr. 918). Nach Art. 38 Abs. 1 CISG hat der Käufer die Ware innerhalb „kurzer Frist" zu untersuchen, „wie es die Umstände erlauben". Allerdings wird die Untersuchungsfrist nach Art. 38 Abs. 3 CISG hinausgeschoben, wenn der Käufer die Ware vor Weiterversand nicht hinreichend untersuchen konnte und der Weiterversand dem Verkäufer bekannt war. So lag es hier mit der Folge, dass die Untersuchung der Ware bis nach deren Eintreffen am neuen Bestimmungsort in der Türkei aufgeschoben werden durfte. Die Untersuchung dort durch den Endabnehmer war damit rechtzeitig. Die Gewährleistungsrechte blieben dem Käufer erhalten.

b) Mängelrüge

143. Was sollte ein Käufer auf der Grundlage des UN-Kaufrechts als erstes tun, nachdem er durch die Untersuchung der Ware einen Mangel (präziser: eine Abweichung von der Vertragsmäßigkeit) entdeckt hat?

Wenn die Untersuchung der Ware eine Abweichung von der Vertragsmäßigkeit der Ware zu Tage bringt, beginnt vom Zeitpunkt der Entdeckung bzw. „Entdeckbarkeit" der Abweichung eine weitere Frist zu laufen, binnen derer Mängelanzeige beim Verkäufer zu erstatten ist (Art. 39 Abs. 1 CISG).

144. Wie lange ist die Frist, binnen derer der Käufer dem Verkäufer den Mangel anzeigen muss?

Der Mangel ist binnen „angemessener" Frist anzuzeigen. Auch dies ist eine „weiche" Frist, die die Umstände des Einzelfalls berücksichtigen lässt. Mit Pauschalierungen ist sorgsam umzugehen. Der BGH spricht gelegentlich von 4 Wochen (bspw. BGH RIW 2000, 381 f.) der OGH von Österreich neigt zu 14 Tagen (bspw. OGH IHR 2001, 81).

145. Der österreichische Unternehmer kaufte vom deutschen Maschinenbauer eine komplizierte, in ein Gebäude einzubauende Kühlanlage. Am Tag der Lieferung reklamierte der Käufer Korrosionsschäden und allgemeine Verarbeitungsmängel; 5 Tage

später bemängelte er bestimmte Fehler; weitere 9 Tage später zeigte er diverse weitere Funktionsstörungen an. Der Verkäufer machte geltend, dass die Mängelanzeigen zu spät kamen. Zu Recht?

Nein (OGH Österreich v. 14.1.2002 (7 Ob 301/01t) - IHR 2002, 76 ff.; CISG-online Nr. 643). Art. 38 und 39 CISG sehen zwei Fristen vor. Der Käufer muss die Ware binnen „kurzer Frist" untersuchen und dem Verkäufer die festgestellten Mängel in „angemessener Frist" anzeigen. Vorliegend hatte der Käufer die Fristen des UN-Kaufrechts gewahrt mit der Folge, dass ihm die Gewährleistungsrechte wegen der Mängel erhalten blieben (vgl. Art. 39 Abs. 1 CISG). *Anmerkung*: Die Regelung zu Untersuchungs- und Mängelrügefristen des UN-Kaufrechts ist weniger streng als die des deutschen § 377 HGB, wonach Mängel beim Handelskauf „unverzüglich" beanstandet werden müssen.

146. Der schweizerische Papierhersteller kaufte von dem deutschen Unternehmer Mahlgarnituren für Papiermaschinen. Die Mahlgarnituren kamen bei der Herstellung von Halbfertigmaterial zum Einsatz. Nach nur kurzer Einsatzdauer hatten die Mahlgarnituren einen Totalschaden. Das mit ihnen hergestellte Halbfertigmaterial erwies sich als unbrauchbar, da daraus produzierte 120 Tonnen Hygiene-Feuchttücher Rostflecken aufwiesen. Als Ursache für die Rostflecken stellte sich heraus, dass durch den Einsatz der von Beginn an schadhaften Mahlgarnituren während des Mahlvorgangs Stahlspäne in das Zellulosematerial gelangt waren. Zehn Wochen nach Lieferung bzw. sieben Wochen nach dem Totalschaden reklamierte der Käufer beim Verkäufer und verlangte insbesondere für die Hygiene-Feuchttücher Schadensersatz. War die Mängelrüge fristgerecht?

Ja (BGH v. 3.11.1999 (VIII ZR 287/98) - WM 2000, 481 ff.; ZIP 2000, 234 ff.; RIW 2000, 381 f.; CISG-online Nr. 475). Nach Art. 38 Abs. 1 CISG muss der Käufer die Ware innerhalb einer kurzen Frist untersuchen, wie es die Umstände erlauben; gemäß Art. 39 Abs. 1 CISG hat der Käufer eine Vertragswidrigkeit binnen angemessener Frist anzuzeigen, nachdem er sie festgestellt hat oder hätte feststellen können. Der BGH entschied: Es lag ein verdeckter Mangel vor, so dass die Untersuchungsfrist nach Art. 38 Abs. 1 CISG nicht bereits mit Lieferung zu laufen begann. Der Käufer hatte zunächst eine gewisse (kurze) Zeitspanne nach dem Totalschaden, binnen derer er ausschließen konnte, ob der Schaden auf einen etwaigen Bedienungsfehler beruhte. Danach war ihm ein Zeitraum von etwa einer Woche zu geben, um das weitere Vorgehen – etwa Auswahl und Befragung eines Sachverständigen – zu entscheiden. Danach durfte sich eine zweiwöchige Dauer für eine gutachterliche Untersuchung anschließen. Sodann hatte der Käufer noch die regelmäßige Rügefrist nach Art. 39 Abs. 1 CISG von einem Monat. Die Rüge sieben Wochen nach dem Totalschaden war demnach nicht verspätet. Der Verkäufer musste Schadensersatz leisten.

147. Der italienische Schuhhersteller verkaufte an den österreichischen Händler 28.000 Paar Trekkingschuhe. Die Schuhe wurden auf Wunsch des Käufers unmittelbar nach Norwegen an die 240 Verkaufsstellen des Endabnehmers geliefert. Der norwegische Endabnehmer meldete an den Käufer, dass ein Großteil der Schuhe mangelhaft war: Sohlenränder und Zwischensohlen lösten sich, Haken rissen aus und das Oberleder war minderwertig. Eine Woche nachdem die Schuhe im Einzelverkauf angeboten wurden, reklamierte der Käufer die Mängel bei dem Verkäufer. Der Verkäufer war der Ansicht, die Mängelrüge sei verspätet. Hat er Recht?

Nein (OGH Österreich v. 27.8.1999 (1 Ob 223/99x) - IHR 2001, 81 ff.; östZfRVgl 2000, 31 f.; CISG-online Nr. 485). Der Käufer muss die Ware binnen angemessener kurzer Zeit auf Mängel untersuchen, Art. 38 Abs. 1 CISG. Jedoch gilt nach Art. 38 Abs. 3 CISG: Wird die Ware auf Veranlassung des Käufers an einen Dritten weiterverschickt und weiß der Verkäufer davon, kann die Untersuchung bis nach dem Eintreffen der Ware an den neuen Bestimmungsort aufgeschoben werden. Die Untersuchungsfrist des Art. 38 CISG begann damit erst mit Eintreffen der Ware beim norwegischen Endabnehmer. Dort musste die Ware dann binnen einer „kurzen Frist" untersucht werden und eventuelle Mängel dem Verkäufer „innerhalb einer angemessenen Frist" angezeigt werden (Art. 38 Abs. 1 und 39 Abs. 1 CISG). Hierfür war von einer Gesamtfrist von etwa 14 Tagen auszugehen. Diese Frist hatte der Käufer eingehalten. Er konnte sich daher auf die Mängel berufen. *Anmerkung*: Die vom OGH Österreich angenommene Gesamtfrist von 14 Tagen ist erheblich kürzer als diejenige, von der regelmäßig der BGH ausgeht (1 Monat allein für die Rügefrist nach Art. 39 Abs. 1 CISG, vgl. nur BGH WM 2000, 481 ff.; ZIP 2000, 234 ff.; RIW 2000, 381 f.).

148. Der deutsche Sekthersteller kaufte vom italienischen Weinhändler 10.000 Hektoliter Sektgrundwein. Drei Tage nach der Lieferung ergab eine erste sog. „Handanalyse" keine Qualitätsbeanstandungen. Danach entnahm ein staatlicher Weinkontrolleur im Rahmen einer Routineuntersuchung eine Probe. Diese ergab, dass der Grundwein Wasserzusatz (zwischen 10 und 20 %) enthielt. 6 Wochen nach der Lieferung wurde der Wein daher beschlagnahmt. Der Käufer schickte am selben Tag die Anzeige des Mangels an den Verkäufer. War die Mängelrüge fristgerecht?

Ja (OLG Zweibrücken v. 26.7.2002 (2 U 27/01) - IHR 2002, 67 ff.; CISG-online Nr. 688). Der Käufer hatte die Frist des UN-Kaufrechts hinsichtlich der Mängelanzeige eingehalten. Nach Art. 39 Abs. 1 CISG muss der Mangel binnen angemessener Frist nach dessen Feststellung angezeigt werden. Der Käufer erfuhr erst 6 Wochen nach Lieferung von der mangelnden Qualität. Ab diesem Zeitpunkt lief die Anzeigefrist, die der Käufer eingehalten hatte. Der Käufer konnte sich auf den Mangel berufen. *Anmerkung*: Nicht erörtert wurde in der Entscheidung, dass ein Mangel nach Art. 39 Abs. 1 CISG in angemessener Frist anzuzeigen ist, sobald er hätte festgestellt werden müssen. Dieser Zeitpunkt wäre womöglich früher gewesen, wenn man annimmt, dass eine sog. „Handanalyse" als Untersuchung nicht ausreichend ist.

149. Der italienische Elektronikhändler kaufte von dem deutschen Elektronikhändler 300 Mobiltelefone für 140.000 €. Die Kisten mit den Telefonen wurden in das Lager des Käufers nach Mailand gebracht. Knapp drei Wochen später stellte der Käufer fest, dass in einer der Kisten 75 Telefone fehlten und sich darin stattdessen Verbundpflastersteine befanden! Dies zeigte der Käufer

dem Verkäufer an und machte Gewährleistungsrechte geltend. War die Mängelrüge fristgerecht?

Nein (LG Trier v. 29.3.2001 (7 HK O 204/99) - CISG-online Nr. 674). Der Käufer hatte die Vertragswidrigkeit nicht binnen der nach Art. 39 CISG vorgeschriebenen „angemessen Frist" angezeigt und damit sein Recht verloren, sich auf die Vertragswidrigkeit zu berufen. Die Mängelrüge kam zu spät. Gewährleistungsrechte standen dem Käufer nicht zu.

150. Ist die fristgerechte Mängelrüge zwingendes Recht, oder kann der Verkäufer auf die Einhaltung der Frist verzichten?

Die Frist des Art. 39 CISG und die Mängelrüge insgesamt sind dispositives Recht. D. h. die Parteien können die Pflicht zur Anzeige der Vertragswidrigkeit ganz abbedingen, die Fristen verkürzen oder auch verlängern.

151. Der deutsche Stahlhändler verkaufte an den schweizerischen Stahlhändler 126 Tonnen rostfreien Walzdraht. Einige Monate nach der Lieferung machte der Käufer dem Verkäufer „Ausschussmeldungen", in denen er anfragte, was er mit dem Material, das „Splitter hat und gespalten ist" zu geschehen habe. Der Verkäufer teilte dem Käufer mit, dass er bei „berechtigten Reklamationen gerade stehen und Gutschrift erteilen" werde. Ob die Reklamation berechtigt war, geriet dann aber zum Streitpunkt. Der Verkäufer klagte schließlich auf Zahlung. Waren die Mängelrügen des Käufers fristgerecht?

Ja (BGH v. 25.6.1997 (VIII ZR 300/96) - NJW 1997, 3311 ff.; WM 1997, 2313; IPRax 1999, 375 ff.; CISG-online Nr. 277). Will sich der Käufer auf die Vertragswidrigkeit der Ware berufen, muss er sie dem Verkäufer innerhalb einer angemessenen Frist, nachdem er sie festgestellt hat oder hätte feststellen müssen, anzeigen (Art. 39 Abs. 1 CISG); dabei muss er die Art der Vertragswidrigkeit genau bezeichnen. Nach dem BGH war die Anzeige über Splitter und Spalten des Drahts hinreichend bestimmt. Ob die Anzeige dieser Mängel noch rechtzeitig i. S. v. Art. 39 Abs. 1 CISG war, konnte das Gericht offen lassen. Denn durch die Erklärung des Verkäufers, dass er für die Mängel einstehen wollte, hatte er die Rechtzeitigkeit ihrer Anzeige anerkannt. In der Erklärung lag auch ein Verzicht des Verkäufers, sich auf die Verspätung etwaiger anderer Rügen zu berufen.

152. Der österreichische Hersteller für Edelstahlbleche kaufte von dem deutschen Folienhersteller 7.500 qm Schutzfolie. Die Folie sollte als Transportschutz für geschliffene Edelstahlbleche dienen und sich nach dem Transport der Bleche rückständefrei entfernen lassen. Mehr als drei Wochen nach der Lieferung teilte der Käufer dem Verkäufer mit, dass die Folie nach ihrer Verwendung Kleberückstände hinterlassen hatte. Der Käufer verlangte vom Verkäufer den entstandenen Schaden von über 35.000 € ersetzt. Nachdem der Käufer und der Verkäufer über 15 Monate über die Schadensregulierung erfolglos verhandelt hatten, klagte der Käufer schließlich auf Schadensersatz. Erst im Klageverfahren berief sich der Verkäufer auf die verspätete Mängelrüge durch den Käufer. War die Mängelanzeige des Käufers rechtzeitig?

Ja (BGH v. 25.11.1998 (VIII ZR 259/97) - NJW 1999, 1259 ff.; WM 1999, 868 ff.; IPRax 1999, 377 ff.; CISG-online Nr. 353). Der Käufer muss dem Verkäufer die Vertragswidrigkeit nach Art. 39 Abs. 1 CISG innerhalb angemessener Frist anzeigen. Anderenfalls kann er sich nicht auf die Vertragswidrigkeit der Ware berufen. Er würde sonst die Gewährleistungsrechte verlieren. Der Käufer hatte sich mit der Mängelrüge über drei Wochen Zeit gelassen. Dies ist an sich zu lang. Der BGH hat allerdings in den nachfolgenden Verhandlungen über die Schadensregulierung einen stillschweigenden Verzicht des Verkäufers auf die Erhebung des Verspätungseinwands gesehen. Die Verhandlungen über die Dauer von 15 Monaten konnten vom Käufer vernünftigerweise nur dahin verstanden werden, dass der Verkäufer eine Einigung in der Sache anstreben würde und sich nicht auf eine Fristversäumung berufen würde. Anderenfalls hätte sich der Verkäufer bei den Verhandlungen den Verspätungseinwand ausdrücklich oder zumindest für den Käufer erkennbar vorbehalten müssen. Die Mängelanzeige des Käufers war daher nicht verspätet. Der Käufer konnte sich auf die (rechtzeitig angezeigte) Mangelhaftigkeit der Folie berufen.

c) Besonderheiten bei der Rügeerhebung

153. Gibt es nach dem UN-Kaufrecht eine absolute Ausschlussfrist nach deren Ablauf alle Gewährleistungsansprüche des Käufers erloschen sind?

Ja. Nach zwei Jahren ab tatsächlicher Übergabe der Ware verliert der Käufer sämtliche (etwaige) Gewährleistungsansprüche (Art. 39 Abs. 2 CISG).

154. Der schweizerische Käufer stand mit dem österreichischen Verkäufer in dauernder Geschäftsverbindung. Letzterer fertigte Verbundglasscheiben. Diese wurden zunächst dergestalt hergestellt, dass zwei Einfachglasscheiben durch schalldämmendes Gießharz verbunden wurden. Später (ab dem Jahr 1997) verwendete der Hersteller ein UV-aushärtendes Gießharz, was eine schnellere Weiterverarbeitung ermöglichte. Verbundglasscheiben, die nach der neuen Methode gefertigt wurden zeigten in der Folgezeit sog. „Wurmgänge" (= Teilablösungen der Harzschicht vom Glas) durch chemische Reaktion. Diese wurden vom Käufer nicht innerhalb von 2 Jahren ab Lieferung gerügt. Konnte sich der Käufer trotzdem auf etwaige Mängel berufen?

Nein (OGH Österreich v. 19.12.1007 (9Ob75/07f) – CISG-online Nr. 1628). Nach Art. 39 Abs. 2 CISG verliert der Käufer das Recht, sich auf die Vertragswidrigkeit zu berufen, wenn er sie nicht spätestens innerhalb von 2 Jahren nach Übergabe der Ware dem Verkäufer anzeigt. Diese 2-Jahres-Frist gilt auch für versteckte Mängel und ist eine absolute. Sie dient dazu, dem Verkäufer eine Sicherheit zu verschaffen, dass er nach einem bestimmten Zeitpunkt nicht mehr mit Reklamationen zu rechnen braucht und das Geschäft endgültig zur Seite legen kann. Freilich kann die zweijährige Ausschlussfrist vertraglich verkürzt oder verlängert werden. Dies war vorliegend aber nicht der Fall. Der Käufer hatte daher keine Gewährleistungsrechte.

155. Muss die Rüge dem Verkäufer zugehen, um wirksam zu werden oder reicht die Absendung?

Es reicht die Absendung. Die Rüge reist auf Risiko des Verkäufers, der die Verlustgefahr trägt. Allerdings muss die Rüge zugangsfähig sein, d. h. so abgegeben werden, dass sie unter normalen Umständen zugeht (Art. 27 CISG).

156. Für deutsche Juristen ist es ungewohnt, dass bei Willenserklärungen die Versendung ausreicht (Absendetheorie des Art. 27 CIGS) und sie entgegen den Wertungen von § 130 BGB oder § 377 HGB nicht zugehen müssen. Sind deutsche Gerichte insoweit „sattelfest"?

Es ist bekannt: Auch Gerichte machen Fehler. Das LG Darmstadt beurteilte am 29.5.2001 ((4 O 101/00) – IHR 2001, 160 ff. = CISG-online Nr. 686) den Fall, in dem der schwedische Möbelhersteller 150 Schrank-Bausätze an den deutschen Importeur lieferte. Die Bausätze waren teilweise unvollständig und damit unbrauchbar. Dies reklamierte der Käufer per Telefax erstmalig 4 Tage nach Lieferung und dann ein weiteres Mal 2 Monate nach Lieferung. Der Verkäufer bestritt jedoch, das erste Fax erhalten zu haben. Nach dem LG Darmstadt war die erste Mängelrüge nicht ausreichend, da der Käufer den Zugang der Rüge beim Verkäufer nicht nachweisen konnte. Die zweite Mängelrüge war verspätet, da die „angemessene Frist" des Art. 39 CISG höchstens einen Monat, nicht aber zwei Monate betragen kann. *Anmerkung*: Im Urteil wurde übersehen, dass es bei den Anzeigen nach Art. 39 CISG nicht auf den Zugang, sondern auf die Absendung der Erklärung ankommt (vgl. 27 CISG). Dass heißt, das „Übermittlungsrisiko" der Anzeige trägt der Verkäufer. Der Käufer wahrt schon mit Absendung der Mängelanzeige seine Gewährleistungsrechte; auf den Zugang der Erklärung kommt es in Abweichung zu § 377 HGB nicht an.

Ähnlich war es im Fall, den das LG Trier am 28.6.2001 beurteilte ((7 HK O 178/00) - CISG-online Nr. 673): Ein Schrotthändler aus Holland kaufte vom deutschen Schrotthändler 25 Tonnen Alu-Material. 2 Wochen nach Lieferung bemängelte der Käufer die schlechte Qualität. Ausweislich seines Eingangs-

stempels ging die Mängelanzeige dem Verkäufer erst vier Monate nach Lieferung zu. Nach dem LG Trier war es „unzweifelhaft", dass „eine Mängelanzeige, die erst vier Monate nach Warenannahme beim Verkäufer eingeht, bei weitem zu spät ist."
Anmerkung: Wie im Fall zuvor wurde verkannt, dass es nicht auf den Zugang, sondern auf die Absendung der Mängelanzeige ankommt (Art. 27 CISG). Es hätte also entschieden werden müssen, ob 2 Wochen noch innerhalb der angemessenen Frist im Sinne von Art. 39 CISG liegen.

157. Reicht eine pauschale Rüge von Mängeln oder müssen die Mängel im Detail aufgelistet sein?

    Die Art der Vertragswidrigkeit muss den *Mangel genau bezeichnen* (Art. 39 Abs. 1 CISG). Sinn und Zweck der notwendigen Substantiierung des Mangels ist, dass der Verkäufer in die Lage versetzt werden soll, die Art des Mangels und die Möglichkeit einer Nachbesserung einschätzen zu können.

158. Der dänische Möbelhersteller verkaufte an den deutschen Möbelhändler aus einem Restpostensortiment Kommoden und Betten. Die Schubladen der Kommoden waren verquollen, die Endstücke der Betten hatten unsaubere Fräsungen, Absplitterungen an den Füßen und Hammerdruckstellen im Holz. Der Käufer rügte die Ware wie folgt: „Die Ware ist nicht oder nur schwer verwertbar. Es handelt sich nicht um Restposten, sondern um zweite Wahl." War die Mängelrüge hinreichend substantiiert und bestimmt?

    Nein (OLG Oldenburg v. 28.4.2000 (13 U 5/00) - IHR, 2001, 159 ff.; CISG-online Nr. 683). Nach Art. 39 Abs. 1 CISG muss die Art des Mangels genau bezeichnet werden. Der fachkundige Verkäufer muss durch die Anzeige der Mängel wissen, was gemeint ist. Der Hinweis auf „zweite Wahl" genügte dem nicht. Denn es handelte sich nicht um eine im Möbelhandel gängige Fehlerbeschreibung. Der Käufer verlor somit seine Gewährleistungsrechte, weil er die Mängel nicht hinreichend genau beschrieben hatte. Weniger streng ist die Handhabung in der Schweiz (s. u.).

159. Der schweizerische Unternehmer kaufte von dem deutschen Verkäufer eine Textilreinigungsmaschine. Der Käufer rügte die Mangelhaftigkeit indem er beanstandete, dass die Maschine für ihn „nicht brauchbar" sei, „einzeln aufgelistete Funktionsstörungen" habe und ihr „verschiedene Teile fehlten". War die Mängelrüge hinreichend substantiiert und bestimmt?

Ja (Bundesgericht Schweiz v. 13.11.2003 (4C. 198/2003) - BGE 130III, 258 ff.; IHR 2004, 215 ff.; CISG-online Nr. 840). Das Gericht stellte fest, dass die Originalsprachen des Übereinkommens Englisch und Französisch in Art. 39 CISG weniger hohe Anforderungen an die Genauigkeit der Fehlerbeschreibung stellen, als die deutsche, unverbindliche Übersetzung. Eine Mängelanzeige, die die Natur bzw. Wesensart der Vertragswidrigkeit (genau) angibt, reicht. Im Zeitalter der elektronischen Kommunikation ist es dem Verkäufer zumutbar, beim Käufer rückzufragen, wenn ihm die Rüge nicht substantiiert genug vorkommt. Jedenfalls müssen die Ursachen der Funktionsstörungen nicht angegeben werden. Die Mängelrüge war demnach genügend bestimmt.

160. Wem gegenüber muss der Käufer die Rüge erheben?

Der Käufer muss beim Verkäufer rügen. Rügen gegen Dritte, wie etwa gegen den Hersteller, helfen ihm nicht.

161. Der Maschinen-Händler aus Wuppertal (Deutschland) kaufte vom belgischen Zwischenhändler eine aus italienischer Herstellung stammende Umreifungsmaschine. Nach Inbetriebnahme der Maschine zeigten sich einige Funktionsstörungen. Der Einfachheit halber wendete sich der deutsche Käufer unmittelbar an die Niederlassung des italienischen *Herstellers* in Wuppertal. Diese erbrachte aus Kulanz kostenfrei Reparaturdienste, die aber ohne Erfolg blieben. Der Käufer reklamierte daraufhin beim Verkäufer. War die Mängelrüge noch rechtzeitig?

Nein (LG Bielefeld v. 15.8.2003 (15 O 5/03) - CISG-online Nr. 906). Die Mängelrüge des Käufers erfolgte nicht binnen angemessener Frist und war daher nach Art. 39 CISG verspätet. Der Käufer konnte sich nicht mehr auf die Vertragswidrigkeit der

Ware berufen. Die gegenüber dem Hersteller angezeigten Mängel halfen ihm nicht. Der Käufer hätte beim *Verkäufer* rügen müssen.

d) Gewährleistung trotz fehlender Mängelrüge

162. Angenommen, der Käufer hat die rechtzeitige Mängelrüge versäumt: Kann es Situationen geben, in denen sich der Verkäufer nicht auf die Verspätung der Rüge berufen kann?

    Ja. Wenn die Vertragswidrigkeit auf Tatschen beruht, die der Verkäufer kannte oder kennen musste und die er dem Käufer nicht mitgeteilt hatte, kann er sich nicht auf eine etwaige Rügeversäumung berufen (Art. 40 CISG).

163. Im Frühjahr 1998 kaufte der schweizerische Maschinenhändler von dem deutschen Maschinenhändler Metallpressen. Nach dem Vertrag sollte fabrikneue Ware geliefert werden. Die gelieferten Maschinen waren aber Baujahre 1983 und 1984. Der Käufer machte erst nach wenigen Monaten geltend, dass die Pressen alt und damit nicht vertragsgemäß waren. Kam die Mängelrüge des Käufers zu spät?

    Ja (Obergericht Luzern v. 29.7.2002 (11/01/125) - CISG-online Nr. 721). Die Mängelrüge des Käufers war nach Art. 39 CISG verspätet, da sie nicht binnen angemessener Frist erhoben wurde. Dies bedeutet, dass der Käufer das Recht verliert, sich auf die Vertragswidrigkeit zu berufen. Der Käufer hatte keine Gewährleistungsansprüche. *Anmerkung*: Nach Art. 40 CISG kann sich der Verkäufer nicht auf die Verspätung der Rüge berufen, wenn er die Vertragswidrigkeit kannte oder über sie nicht in Unkenntnis sein konnte. Kennen müssen in diesem Sinne bedeutet nach herrschender Ansicht grobe Fahrlässigkeit (vgl. zum Meinungsstand Schlechtriem/Schwenzer/*Schwenzer*, CISG-Kommentar, 4. Aufl. 2005, Art. 40 Rdn. 4 und Fn. 3). Bei 15 Jahre alte Industriemaschinen, die als fabrikneu verkauft werden und sich als gebraucht herausstellen, spricht einiges dafür, dass der Verkäufer über diesen Umstand nicht in Unkenntnis sein konnte. Das Gericht hat Art. 40 CISG nicht angewandt.

164. Der deutsche Maschinenhändler verkaufte an den iranischen Unternehmer eine Getreidemühle für 500.000 €. Nach deren Transport in den Iran wurden die Teile zunächst 3 Jahre eingelagert. Dann reklamierte der Käufer, dass die Mühle kein deutsches, sondern ein teilweise russisches, teilweise türkisches Produkt war. Die Anlage war daher etwa 1/5 des vereinbarten Kaufpreises wert. Der Käufer verlangte Schadensersatz. Kam die Mängelrüge des Käufers zu spät?

Nein (OLG Zweibrücken v. 2.2.2004 (7 U 4/03) - CISG-online Nr. 877). Zwar ist der Iran kein Vertragsstaat des Übereinkommens. Auf den Kaufvertrag war nach Art. 1 Abs. 1 lit. b) CISG das UN-Kaufrecht gleichwohl anzuwenden, denn das deutsche Internationale Privatrecht verweist über Art. 28 Abs. 2 EGBGB auf das deutsche und damit auf das Recht eines Vertragsstaats. Nach drei Jahren kam die Mängelrüge des Käufers nach Art. 39 CISG an sich zu spät, da sie binnen angemessener Frist erhoben werden muss. Darauf kann sich der Verkäufer nach Art. 40 CISG aber nicht bei „Bösgläubigkeit" berufen, d. h., wenn er die Vertragswidrigkeit zumindest kennen musste. Der Verkäufer hatte sich über eine „ins Auge springende Vertragswidrigkeit" hinweggesetzt, indem er minderwertige, anstelle deutscher Qualitätsprodukte lieferte. Der Käufer konnte sich hier daher auf die Vertragswidrigkeit berufen und Schadensersatz verlangen. Die Mängelrüge kam demnach nicht zu spät.

165. Welche Rechtsfolgen treffen den Käufer im Grundsatz, wenn er die ordnungsgemäße Rüge unterlässt?

Grundsätzlich verliert der Käufer durch die Versäumung der Rüge das Recht, sich auf eine Vertragswidrigkeit zu berufen (Art. 39 CISG).

166. Gibt es vom vorgenannten Grundsatz Ausnahmen?

Ja. Art. 44 CIGS belässt dem Käufer die Möglichkeit der „Minderung" und „eingeschränkte Schadensersatzmöglichkeiten" (kein entgangener Gewinn), wenn der Käufer eine vernünftige Entschuldigung für die unterlassene ordnungsgemäße Mängelrüge hat.

167. Welches sind Beispiele für vernünftige Entschuldigungen, die dem Käufer trotz unterlassener Rüge seine Gewährleistungsrechte belassen?

Gründe für eine vernünftige Entschuldigung i. S. v. Art. 44 CISG sind eher selten. Denn meistens lassen sich die problematischen Fälle über die Untersuchungs- und Rügefristen lösen. Als Beispiele bleiben etwa der Zusammenbruch aller Kommunikationswege, Krankheit oder Unwissenheit eines Käufers, in dessen Rechtskreis das Instrument der Rüge vollkommen unbekannt ist oder etwa die völlige Erfahrungslosigkeit eines Käufer mit der erworbenen Ware (bspw. der Verkauf von Personalcomputern in ein wenig entwickeltes Land, in dem sich der Käufer mit dem Umgang mit den Rechnern erst noch vertraut machen muss).

168. Der deutsche Spezialist für Sportplatz- und Gartenbau kaufte vom schweizerischen Hersteller einen sog. Tiefenlockerer. Solche Geräte dienen der Pflege von Sportplätzen, indem deren Untergrund locker gehalten wird. Erst drei Monate nach Lieferung zeigte der Käufer dem Verkäufer Mängel an. Wegen der Verzögerung brachte der Käufer vor, er habe keinen früheren Zugang zu Sportplätzen gehabt und eine Anmietung wäre zu teuer gewesen; der Untergrund von normalen Rasenflächen habe sich für einen Testlauf nicht geeignet, weil diese nicht homogen und zu steinig gewesen wären. Hatte der Käufer wegen der verspäteten Rüge eine Entschuldigung?

Nein (OLG Oldenburg v. 5.12.2000 (12 U 40/00) - CISG-online Nr. 618). Die Mängelanzeige kam zu spät, da sie nicht innerhalb angemessener Frist erhoben wurde. Nach Art. 39 Abs. 1 CISG konnte der Käufer sich daher nicht mehr auf die Vertragswidrigkeit berufen. Allerdings belässt Art. 44 CISG dem Käufer bestimmte Gewährleistungsrechte, wenn er eine vernünftige Entschuldigung für die späte Mängelanzeige hat. Die genannten Gründe konnten dem Käufer nicht helfen. An die Entschuldigung nach Art. 44 CISG ist ein strenger Maßstab zu legen; sie war hier nicht genügend. Als Gartenbauer hätte sich der Käufer Zugang zu einer geeigneten Test-Rasenfläche verschaffen können und müssen. Die Gewährleistungsrechte waren nach Art. 39 Abs. 1 CISG verloren.

169. Der deutsche Fliesenhändler kaufte vom italienischen Hersteller Steinzeug-Fliesen. Nachdem die Fliesen beim Endkunden verlegt worden waren, machte dieser Mängelansprüche geltend: Denn Apfelschorle und Fruchtsaft würden von den Fliesen vollständig aufgesogen und hinterließen Flecken. Der Fliesenhändler reklamierte erst danach beim Hersteller; hatte er Gewährleistungsrechte?

Nein (LG Saarbrücken v. 2.7.2002 (8 O 49/02) - IHR 2003, 27 f.; CISG-online Nr. 713). Der Käufer muss dem Verkäufer Mängel innerhalb einer angemessenen Frist, nachdem er sie festgestellt hat oder hätte feststellen können, anzeigen. Die Mängelrüge kam hier allerdings zu spät, da sie erst erhoben wurde, als die Fliesen schon verlegt waren. Dies hatte zur Folge, dass die Mängelgewährleistungsansprüche nach Art. 39 Abs. 1 CISG ausgeschlossen waren. Zwar machte der Fliesenhändler die Entschuldigung geltend, es habe sich um einen versteckten Fehler gehandelt. Für die Erhaltung der Mängelansprüche nach Art. 44 CISG war dies aber nicht ausreichend. Zu den Untersuchungspflichten eines gewerblichen Händlers gehört beim Fliesenkauf auch eine Dichtigkeitsprüfung. Dies hatte er schuldhaft unterlassen. Die Gewährleistungsrechte waren verloren.

III. Rechte des Käufers bei Vertragsverletzungen des Verkäufers

1. Grundlagen

170. Auf der Grundlage von Art. 45 Abs. 1 CISG und der darin enthaltenen Verweisungen: Die Vorschrift enthält einen Überblick über die dem Käufer zustehenden Rechtsbehelfe, wenn der Verkäufer eine Vertragsverletzung begeht. Welche Rechtsbehelfe sind das?

Im Fall der Vertragsverletzung durch den Verkäufer kann der Käufer folgende Rechtsbehelfe geltend machen: Erfüllung, Vertragsaufhebung (= Rücktritt), Minderung und/oder Schadensersatz.

171. Sind die Rechtsbehelfe des Käufers nach dem UN-Kaufrecht zwingendes Recht?

   Nein. Alle Rechtsbehelfe, die dem Käufer nach Art. 45 CISG zustehen, sind dispositives Recht und können durch Vertrag abbedungen oder verändert werden (Art. 6 CISG).

172. Der schweizerische Großhändler für Elektronikartikel kaufte vom deutschen Hersteller u. a. 4.000 Videorekorder. Die Geräte hatten einen Defekt an dem sog. „armloading Teil"; teilweise mussten die Stecker ausgetauscht werden, da die verwendeten Schuko-Stecker in der Schweiz nicht passten; außerdem bemängelte der Käufer, dass die Bedienungsanleitungen nicht in allen Landessprachen der Schweiz enthalten waren. Angesichts der Beanstandungen einigten sich die Parteien auf einen Preisabzug von 90 € je Reparaturfall. Später lehnte der Käufer wegen der genannten Mängel jede Kaufpreiszahlung ab. Stattdessen berief er sich auf die ihm angeblich nach Art. 45 CISG zustehenden Rechtsbehelfe. Zu Recht?

   Nein (LG Darmstadt v. 9.5.2000 (10 O 72/00) - IHR 2001, 27 ff.; CISG-online Nr. 560). Kommt der Verkäufer seinen Pflichten nicht ordnungsgemäß nach, kann der Käufer grundsätzlich die in Art. 45 CISG festgelegten Rechte geltend machen (z. B. Erfüllung, Minderung oder Vertragsaufhebung verlangen). Allerdings sind diese Gewährleistungsansprüche dispositiv und einer pauschalen Abgeltung zugänglich (vgl. Art. 6 CISG). Die Parteien hatten die Reparaturpauschale von 90 € im Bewusstsein aller genannten Mängel getroffen. Dadurch hatten sie auf die Instrumentarien des Art. 45 CISG insoweit verzichtet; der Käufer konnte sich nicht mehr auf Art. 45 CISG berufen. Er musste den vereinbarten Preis zahlen.

173. Der kroatische Unternehmer kaufte vom österreichischen Verkäufer 5 Speiseeis-Roboter. In dem Vertrag hieß es: „gekauft wie gesehen unter Verzicht auf Gewährleistungs- und Schadensersatzansprüche.". Später wollte der Käufer Rechte wegen Mängel an den Automaten geltend machen. Konnte er sich auf die Rechtsbehelfe des Art. 45 CISG berufen?

Nein (OLG Graz v. 24.1.2001 (4 R 125/00k) - CISG-online Nr. 800). Die Abbedingung der Käuferrechte aus Art. 45 CISG ist jedenfalls durch individuelle Vereinbarung zulässig (vgl. Art. 6 CISG). Eine solche lag vor. Auf die Mängel konnte sich der Käufer daher nicht berufen. *Anmerkung*: Die Entscheidung betrifft nur einen Haftungsausschluss durch Individualvereinbarung. Ein Haftungsausschluss durch Allgemeine Geschäftsbedingungen betrifft demgegenüber die Gültigkeit des Vertrages im Sinne von Art. 4 lit. a) CISG und wird vom UN-Kaufrecht nicht geregelt. Diese Fragen werden vom Recht des Staates beantwortet, das gelten würde, wenn der Kaufvertrag nicht dem UN-Kaufrecht unterfiele (str., vgl. zum Streitstand Schlechtriem/Schwenzer/*Müller-Chen*, CISG-Kommentar, 4. Aufl. 2004, Art. 45 Rdn. 36 m. w. Nachw.) Ohne Rechtswahl ist dies aus deutscher Perspektive in der Regel das Recht des Verkäufers (Art. 28 Abs. 2 EGBGB).

174. Der Händler aus Weißrussland erwarb in Deutschland vom deutschen Autohändler einen PKW der Marke Audi für 4.000 €. Im Vertrag war u. a. vereinbart: „ohne Gewährleistung". In Weißrussland wurde der Audi durch die Behörden beschlagnahmt, weil es sich um ein gestohlenes Auto handelte. Der Verkäufer wollte für diesen Umstand wegen des Gewährleistungsausschlusses nicht einstehen. Zu Recht?

Nein (OLG Dresden v. 18.1.2007 (9 U 1218/06) – CISG-online Nr. 1626). Zwar können die Parteien die Bestimmungen des UN-Kaufrechts (teilweise) ausschließen (Art. 6 UN-Kaufrecht). Für Gewährleistungsfragen war dies geschehen. Der Verkäufer hatte dem Käufer jedoch kein Eigentum am Auto verschaffen können. Die Eigentumsverschaffung richtete sich nach BGB und nicht nach UN-Kaufrecht (vgl. Art. 43 EGBGB, Art. 4 S. 2 lit. b) UN-Kaufrecht). Sie scheiterte an § 935 BGB, weil das Auto gestohlen war. Die Eigentumsverschaffungspflicht ist nach Art. 30 UN-Kaufrecht eine Hauptpflicht des Verkäufers, die von einem Gewährleistungsausschluss nicht erfasst wird. Der Verkäufer musste im Wege des Schadensersatzes haften.

2. (Nach-) Erfüllung

175. Welches ist der primäre Rechtsbehelf des Käufers, wenn der Verkäufer seine Pflichten nicht ordnungsgemäß erfüllt?

Wie im deutschen (nicht vereinheitlichten Recht) gilt das Primat der Vertragserfüllung. Grundsätzlich sollen die einmal eingegangenen Verträge erfüllt werden. Der primäre Rechtsbehelf ist die *Erfüllung*.

176. *Darf* der Verkäufer auf der Basis des UN-Kaufrechts noch nacherfüllen, wenn er nicht ordnungsgemäß geleistet hat?

Ja. Grundsätzlich darf der Verkäufer auch nach der Lieferung noch ausbessern, Ersatzteile oder Ersatzware zur Verfügung stellen. Dies darf er so lange, wie der Käufer den Vertrag noch nicht aufgelöst hat. Die Grenzen sind wie folgt: Die Nacherfüllung darf keine unzumutbare Verzögerung mit sich bringen und beim Käufer dürfen weder unzumutbare Unannehmlichkeiten oder Ungewissheiten über Auslagenerstattungen verursacht werden (Art. 48 Abs. 1 CISG).

177. Der (Nach-) Erfüllungsanspruch des Käufers und das (Nach-) Erfüllungsrecht des Verkäufers stehen in gewisser (komplexer) Wechselwirkung zueinander. Um die jeweilig bestehenden Unsicherheiten zu dämpfen, gibt es in Art. 46 bis Art. 48 CISG ein System von Fristsetzungsmöglichkeiten. Welche Fristsetzungen gibt es?

Der Käufer kann dem Verkäufer eine Frist setzen, binnen derer Nacherfüllung zu erfolgen hat. Währenddessen darf der Käufer keine anderen, dem widersprechenden Rechtsbehelfe geltend machen (Art. 47 CISG). Läuft die Frist fruchtlos ab, ist der Weg zur Vertragsaufhebung durch den Käufer eröffnet (Art. 48 Abs. 1 lit. b) CISG). Der Verkäufer, der nacherfüllen will, kann dem Käufer eine Mitteilung machen und zur Erklärung auffordern, ob der Käufer innerhalb einer angegebenen Frist die Nacherfüllung annehmen werde (Art. 48 Abs. 2 S. 1 CISG). Während dieser vom Verkäufer gesetzten Frist, kann der Käufer keine

Rechtsbehelfe ausüben, die mit der Nacherfüllung unvereinbar sind.

178. Wie das BGB in § 439 kennt auch das UN-Kaufrecht zwei Arten von Nacherfüllung. Welche?

Nacherfüllung bedeutet entweder *Ersatzlieferung* (Art. 46 Abs. 2 CISG) oder *Nachbesserung* (Art. 46 Abs. 3 CISG). Mit Nachbesserung ist die Mängelbeseitigung (Reparatur) gemeint.

179. Nach § 439 BGB besteht ein grundsätzliches Wahlrecht des Käufers, der vom Käufer entweder Ersatzlieferung und Nachbesserung verlangen kann. Wie ist das nach dem UN-Kaufrecht?

Auch das UN-Kaufrecht gibt dem Käufer das Recht, zwischen Nachbesserung und Ersatzlieferung auszuwählen. Das Wahlrecht ist aber stark eingeschränkt. Denn Art. 46 Abs. 2 CISG macht die Ersatzlieferungsmöglichkeit davon abhängig, dass eine wesentliche Vertragsverletzung (Art. 25 CISG) vorliegt. Dies ist bei Sachmängeln nach der deutschen Rechtsprechung eher selten der Fall. Meist wird es dem Käufer zumutbar sein, die Sache zu behalten und ggf. gegen einen Schleuderpreis zu veräußern. Einfacher ist es für den Käufer daher, Nachbesserung als Nacherfüllung zu verlangen (Art. 46 Abs. 3 CISG). Bei dieser braucht die Vertragsverletzung keine wesentliche i. S. v. Art. 25 CISG zu sein.

180. Der österreichische Computerhändler kaufte vom US-amerikanischen Verkäufer für 300.000 USD Computer-Prozessoren („Intel inside"). Die Ware wurde in ihrer originalen, luftdichten Verpackung weiterverkauft. Nach einigen Reklamationen stellte sich heraus, dass die Prozessoren gefälscht und minderwertig waren. Der Käufer verlangte vom Verkäufer Lieferung „echter Prozessoren". Hatte der Käufer das Recht auf Nachlieferung?

Ja (OGH Österreich v. 5.7.2001 (6 Ob 117/01a) - ZfRV 2002, 25; CISG-online Nr. 652). Der Käufer kann nach Art. 46 Abs. 2 CISG Ersatzlieferung verlangen, wenn die Vertragswidrigkeit eine wesentliche Vertragsverletzung darstellt. Ob die Übergabe gefälschter Computerprozessoren eine Schlecht- oder eine Falschlieferung (aliud) darstellte, konnte offen bleiben. Denn diese Unterscheidung kennt das UN-Kaufrecht nicht. In jedem Falle lag eine wesentliche Vertragsverletzung im Sinne von Art. 25 CISG vor. Es entging dem Käufer im Wesentlichen das, was er nach dem Vertrag hätte erwarten dürfen. Der Käufer hatte seine Gewährleistungsrechte auch nicht dadurch verloren, dass er die Prozessoren nicht auf ihre Funktionsfähigkeit untersucht hatte (vgl. Art. 38 Abs. 1, 39 Abs. 1, 46 Abs. 2 CISG). Denn durch Öffnung der luftdichten Verpackung wäre die Ware faktisch unverkäuflich geworden. Das Verlangen nach Ersatzlieferung war daher berechtigt.

3. Vertragsaufhebung

181. Das nach der Erfüllung im UN-Kaufrecht geregelte Gewährleistungsrecht für den Käufer ist die *Vertragsaufhebung*. Sie entspricht den Regelungen des Rücktritts i. S. d. BGBs. Was sind nach Art. 49 Abs. 1 CISG die Voraussetzungen dafür, dass der Käufer Vertragsaufhebung verlangen kann?

Der Käufer kann die Vertragsaufhebung erklären, wenn entweder der Verkäufer eine „wesentliche Vertragsverletzung" begangen hat (Art. 49 Abs. 1 lit. a) CISG) oder im Falle der Nichtlieferung, wenn der Verkäufer auch binnen einer vom Käufer gesetzten Frist nicht liefert oder erklärt, er werde nicht liefern (Art. 49 Abs. 1 lit. b) CISG). Mit „Nichtlieferung" ist das Ausbleiben der Ware gemeint. Wird Ware (auch schlechte oder die falsche) geliefert, handelt es sich um „Lieferung". Vertragsaufhebung ist dann nur schwer zu erreichen, es sei denn, die Schlechtlieferung bzw. Falschlieferung stellt eine „wesentlichen Vertragsverletzung" dar.

182. Im Januar kaufte der deutsche Maschinenhändler vom schweizerischen Verkäufer eine Maschine. Da die Maschine noch bei einem Dritten in Betrieb war, wollte der Verkäufer dem Käufer den Abholtermin gesondert mitteilen. Es kam zu Verzögerungen hinsichtlich der Übergabe der Maschine. Mitte April setzte der Käufer dem Verkäufer eine letzte Wochenfrist, binnen derer der

Abholtermin genannt werden sollte. Auch diese Frist verstrich ungenutzt. Der Käufer verlangte sodann Vertragsaufhebung (und Schadensersatz, weil er die Maschine mit 6.500 € Gewinn in die Türkei hätte verkaufen können). Lagen die Voraussetzungen für Vertragsaufhebung vor?

Ja (Kantonsgericht Appenzell v. 10.3.2003 (433/02) - CISG-online Nr. 852). Der Verkäufer hatte seine Pflicht zur rechtzeitigen Lieferung (vgl. Art. 33 lit. c) CISG) verletzt. Die Rechte des Käufers folgen dann bei Vertragsverletzungen des Verkäufers aus Art. 45 Abs. 1 CISG. Vertragsaufhebung konnte der Käufer nach Art. 49 Abs. 1 lit. b) CISG verlangen. Denn zum einen lag ein Fall von Nichtlieferung vor und zum anderen hatte der Verkäufer eine nach Art. 47 Abs. 1 CISG gesetzte (angemessene) Lieferfrist verstreichen lassen.

183. Kann das einmal durch den Käufer erworbene Recht zur Vertragsaufhebung wieder verloren gehen?

Ja. Wenn der Käufer mit der Ausübung seines Aufhebungsrechts zu lange wartet, kann er sein Recht auf Vertragsaufhebung wieder verlieren (Art. 49 Abs. 2 CISG). Wie schnell das Recht verloren geht, bestimmt sich nach den Umständen des Einzelfalles; bei Saisonprodukten muss der Käufer sich schneller entscheiden als etwa bei langlebigen Rohstoffen. Beispiel: Eine Woche kann bei Weihnachtsbäumen, für die nur ein zeitlich beschränkter Markt besteht, schon zu lange sein (weitere Beispiele bei Schlechtriem/Schwenzer/*Müller-Chen*, CISG-Kommentar, 4. Aufl. 2004, Art. 49 Rdn. 31 ff.).

184. Der italienische Unternehmer kaufte von dem deutschen Autohändler einen VW Golf. Am 1. Juni wurde das Auto von der italienischen Staatspolizei beschlagnahmt, weil es gestohlen war. Ende August verlangte der italienische Käufer daher Rückabwicklung des Kaufs und Schadensersatz. Konnte sich der Käufer (noch) auf eine wesentliche Vertragsverletzung berufen?

Ja (LG Freiburg v. 22.8.2002 (8 O 75/02) - IHR 2003, 22 ff.; CISG-online Nr. 711). Erfüllt der Verkäufer eine seiner Pflichten nicht, so kann der Käufer u. U. Aufhebung des Vertrages verlangen, Art. 45 Abs. 1 lit. a), 49 CISG. Im Verkauf eines gestohlenen Autos liegt eine wesentliche Vertragsverletzung i. S. v. Art. 25 CISG, da dem Käufer im Wesentlichen das entgeht, was er nach dem Vertrag erwarten kann. Nach Art. 49 Abs. 2 lit. b) i) CISG verliert jedoch der Käufer das Recht, Vertragsaufhebung zu verlangen, wenn er sie nicht „innerhalb einer angemessenen Frist erklärt", nachdem er von der Vertragsverletzung wusste oder wissen musste. Diese Frist war vorliegend noch nicht abgelaufen; 3 Monate erschienen (noch) angemessen, um sich über die der Beschlagnahme zu Grunde liegenden Tatsachen zu vergewissern und die notwendigen Unterlagen zu beschaffen. Der Käufer konnte daher Vertragsaufhebung verlangen. Ihm waren der Kaufpreis und seine weiteren Kosten als Schadensersatz zuzusprechen.

185. Kann der Käufer Aufhebung des ganzen Vertrages verlangen, wenn der Verkäufer nur teilweise seinen Pflichten nicht erfüllt?

Unter Umständen kann bereits die teilweise Nichterfüllung durch den Verkäufer dazu führen, dass der Käufer den ganzen Vertrag aufheben kann. Dann muss erstens die ausgebliebene Teilleistung für die Teilverpflichtung eine wesentliche Vertragsverletzung bedeuten (z. B. Unmöglichkeit) und zweitens die ausgebliebene Teilleistung sich für die Gesamtverpflichtung so negativ ausgewirkt haben, dass von einer wesentlichen Vertragsverletzung auch des gesamten Vertrages auszugehen ist (Art. 51 CISG).

186. Der deutsche Computerhändler kaufte von dem US-amerikanischen Hersteller 11 Computerkomponenten. Der Hersteller lieferte aber nur 5 Komponenten. Der Käufer wollte daraufhin den gesamten Vertrag aufheben. Zu Recht?

Nein (LG Heidelberg v. 3.7.1992 (O 42/92) - CISG online Nr. 38). Es lag ein Fall von teilweiser Nichterfüllung vor. Diese gibt nur dann ein Recht, den gesamten Vertrag aufzuheben, wenn die unvollständige Leistung eine wesentlichen Vertragsverletzung des gesamten Vertrages darstellt (Art. 51 CISG). Daran fehlte es hier. Denn der Käufer hätte die fehlenden 6 weiteren Computerkomponenten bei anderen Herstellern erwerben und so Ersatz beschaffen können. Der Käufer konnte den ganzen Vertrag nicht aufheben.

4. Minderung

187. Das nach der Erfüllung und Vertragsaufhebung im UN-Kaufrecht geregelte Gewährleistungsrecht ist die *Minderung* (Art. 50 CISG). Sie hat ihre Entsprechung im deutschen nicht vereinheitlichten Recht in § 441 BGB. Was sind nach Art. 50 CISG die Voraussetzungen dafür, dass der Käufer Minderung verlangen kann?

Der Käufer kann grundsätzlich Minderung verlangen, wenn die Ware nicht vertragsgemäß ist. Erfasst werden Sachmängel, Falschlieferung und Quantitätsmängel.

188. Wie erfolgt die Minderung auf der Grundlage des UN-Kaufrechts?

Der Käufer kann von seinem Minderungsrecht durch einseitige Gestaltungserklärung Gebrauch machen. Wichtig: Diese ist nur absende-, nicht zugangsbedürftig (Art. 27 CSIG).

189. Um wie viel kann der Käufer den Kaufpreis mindern?

Der Käufer kann den Preis im gleichen Verhältnis herabsetzen, in dem der Wert der mangelhaften zu mangelfreier Ware steht (Art. 50 S. 1 CISG). Die Berechnung ist dieselbe wie in § 441 Abs. 3 BGB. Die Herabsetzung erfolgt in Relation zum Kaufpreis, nicht etwa absolut in Höhe des minderen Wertes der Ware.

190. Der italienische Bauunternehmer kaufte vom deutschen Betreiber eines Steinbruchs Pflastersteine verschiedener Größen. Es stellte sich heraus, dass die Steine einer Größe abgeschlagene Kanten hatten und sie mit Schotter und schieferndem Material vermischt waren. Dieser Teil der Ware war unbrauchbar. Der Gesamtkaufpreis betrug 180.000 €, der Wert der Steine ohne Mangel 150.000 €, der Wert der Steine mit Mangel 100.000 €.

Der Käufer verlangte eine Reduktion des Kaufpreises. Zu Recht und wenn ja, um wie viel?

Der Käufer konnte von seinem Minderungsrecht Gebrauch machen (nach LG Stuttgart v. 4.6.2002 (15 O 179/01) - CISG-online Nr. 909). Rechtsbehelfe des Käufers setzen voraus, dass der Verkäufer seine Pflichten nicht erfüllt hat. Die Pflastersteine waren teilweise nicht vertragsgemäß, weil sie hinsichtlich der Qualität nicht den Anforderungen des Vertrages entsprachen (Art. 35 Abs. 1 CISG). Der Käufer konnte den darauf entfallenden Preis als Minderung vom Gesamtpreis abziehen (Art. 50 S. 1 CISG). Der Preis war demnach in dem Maße zu reduzieren, wie der Wert der Ware ohne Mangel zum Wert der Ware mit Mangel gestanden hatte. Der Preis war demnach um ein Drittel (auf 120.000 €) zu reduzieren. *Anmerkung*: Darüber hinaus konnte der Käufer nach Art. 45 Abs. 1 lit. b), 74 CISG im Wege des Schadensersatzes folgende Aufwendungen geltend machen: Kosten für die Trennung des brauchbaren vom nichtbrauchbaren Material; Kosten für die Entsorgung/Deponie der unbrauchbaren Steine; den auf die nicht vertragsgemäße Ware entfallenden Frachtkostenanteil.

191. Kann der Käufer sein Minderungsrecht wieder verlieren?

Ja. Wenn der Verkäufer den Mangel behebt (Art. 48 CISG) oder wenn sich der Käufer weigert, die Erfüllung durch den Verkäufer anzunehmen, kann der Käufer sich nicht mehr auf etwaige Minderungsrechte berufen (Art. 50 S. 2 CISG).

5. Schadensersatz

192. Das nach der Erfüllung, Vertragsaufhebung und Minderung im UN-Kaufrecht geregelte Gewährleistungsrecht ist der *Schadensersatz* (Art. 45 Abs. 1 lit. b) CISG). Was sind die Voraussetzungen dafür, dass der Käufer Schadensersatz verlangen kann?

Die Voraussetzung für Schadensersatzansprüche des Käufers ist eine Pflichtverletzung durch den Verkäufer. Auf die Art und Weise der Pflichtverletzung (bspw. Nichtleistung, Spätleistung, Schlechtleistung) kommt es nicht an.

193. Ist für das Verlangen des Käufers nach Schadensersatz Verschulden des Verkäufers wie nach §§ 437 Nr. 3, 280 BGB erforderlich?

Nein, das UN-Kaufrecht gewährt Schadensersatz auch dann, wenn der verpflichteten Partei kein Verschulden oder Vertretenmüssen vorzuwerfen ist.

194. Art 45 Abs. lit. b) CISG enthält nur eine allgemeine Anordnung dahin, dass der Käufer Schadensersatz vom Käufer verlangen kann. Für Detailregelungen wird auf Art. 74 bis 77 CISG verwiesen. Warum?

Schadensersatz ist ein Rechtsbehelf, der sowohl dem Käufer als auch dem Verkäufer zustehen kann. Allgemeine Aspekte wie Berechnung, Umfang und Befreiungsgründe sind daher in einem gemeinsamen Abschnitt (sozusagen „hinter die Klammer gezogen") zusammengefasst.

IV. Pflichten des Käufers

1. Grundlagen

195. Welches sind die Pflichten des Käufers auf der Grundlage des UN-Kaufrecht?

Der Käufer muss an den Verkäufer den Kaufpreis zahlen und die Ware abnehmen (Art. 53 CISG).

196. Was bedeutet *Abnahme* i. S. d. UN-Kaufrechts?

Mit Abnahme ist nach Art. 60 CISG zweierlei gemeint: Zum einen muss der Käufer alle vernünftigerweise von ihm zu erwartenden Mitwirkungshandlungen vornehmen; hierzu zählen bspw. die Beschaffung von Einfuhrbescheinigungen, die Vorbereitung einer vom Verkäufer durchzuführenden Montage o. ä. Zum anderen muss der Käufer die Ware übernehmen und regelmäßig auch abtransportieren.

197. Der Käufer muss nach dem UN-Kaufrecht auch alle Maßnahmen treffen und Förmlichkeiten erfüllen, damit Zahlung geleistet werden kann (Art. 54 CISG). Was ist damit gemeint?

Der Käufer muss alle vereinbarten Zahlungsmodalitäten erfüllen. Dies meint Zahlung per Scheck, ggf. Auslandsüberweisung, etwa die Pflicht zur Stellung eines Akkreditivs, die Beachtung von Devisenbestimmungen oder die Beschaffung etwaiger Geldtransfergenehmigungen.

198. In welcher Währung muss der Käufer zahlen?

Im Regelfall wird der Kaufvertrag die Währung regeln. Soweit eine solche Festlegung und auch etwaige Gebräuche fehlen, wird wohl überwiegend vertreten, dass in der Währung im Land der Niederlassung des Verkäufers gezahlt werden muss (vgl. *Magnus*, RabelsZ 53 (1989), 116, 129 f.; zum Streitstand Schlechtriem/Schwenzer/*Hager*, CISG-Kommentar, 4. Aufl. 2004, Art. 54 Rdn. 9).

199. Welchen Kaufpreis muss der Käufer zahlen, wenn der Preis weder ausdrücklich noch stillschweigend vereinbart wurde?

Bereits die Frage klingt für die Ohren deutscher Juristen merkwürdig. Ein Kaufvertrag auf der Basis des BGBs kann nicht zustande kommen, wenn keine Einigung über den Preis erzielt wurde. Kaufsache und Kaufpreis gehören zu den sog. *essentialia negotii*, ohne deren Festlegung kein Kaufvertrag nach nicht vereinheitlichtem deutschen Recht zustande kommen kann. Das UN-Kaufrecht geht demgegenüber in Art. 55 CISG davon aus, dass ein Kaufvertrag auch dann wirksam ist, wenn kein Kaufpreis vereinbart wurde. Es wird dann vermutet, dass die Parteien sich stillschweigend auf den Preis geeinigt haben, der allgemein für derartige Ware berechnet wird, die in dem betreffenden Geschäftszweig unter vergleichbaren Umständen verkauft werden.

2. Zahlungsort

200. Wo muss der Käufer auf der Grundlage des UN-Kaufrechts den Kaufpreis zahlen?

Soweit nichts anderes bestimmt ist, muss der Käufer den Preis grundsätzlich am Ort der Niederlassung des Verkäufers zahlen (Art. 57 Abs. 1 lit. a) CISG). Dies ist dann eine *Bringschuld*, bei der der Käufer Kosten und Risiko der Übermittlung zu tragen hat. Wenn die Zahlung allerdings gegen Übergabe der Ware oder der Dokumente zu leisten ist, muss an dem Ort gezahlt werden, an dem die Übergabe stattfindet (Art. 57 Abs. 1 lit. b) CISG).

201. Der italienische Unternehmer kaufte von dem schweizerischen Anlagenbauer eine Abgasreinigungsanlage für 3,1 Mio. CHF. Die Anlage sollte vom Verkäufer beim Käufer montiert werden. Der Kaufpreis war zu je 30 % bei Vertragsschluss, Montagebeginn und Montageende sowie zu 10 % nach Inbetriebnahme fällig. Der Käufer machte eine Reihe von Mängeln geltend. Der Verkäufer erhob Klage auf den Kaufpreis. Für die Gerichtszuständigkeit kam es auf den Erfüllungsort für die Zahlung an. Wo lag dieser?

In der Schweiz (Bundesgericht Schweiz v. 18.1.1996; SZIER 1997, 129 ff.; TranspR-IHR 1999, 54 f.; CISG-online Nr. 214). Für die Frage des Orts des Klageverfahrens kam es auf den Erfüllungsort der Kaufpreisforderung an. Der Normalfall des Kaufs ist ein Zug um Zug Geschäft. Art. 57 Abs. 1 lit. b) CISG sieht in diesen Fällen als Erfüllungsort für den Kaufpreis den Ort vor, an dem der Kaufgegenstand übergeben wird; Erfüllungsort für Leistung und Gegenleistung sind dann identisch. Im entschiedenen Fall sollte die Zahlung jedoch gerade nicht von der Übergabe der Ware abhängen. Vereinbart war vielmehr eine Kreditierung. Zunächst war durch die zu leistende Anzahlung der Käufer vorleistungspflichtig. Später war es der Verkäufer, der erst nach Inbetriebnahme die letzte Rate bekommen sollte. Demnach lag kein Zug um Zug Geschäft vor. Der Kaufpreis war demnach am Ort der Niederlassung des Verkäufers in der

Schweiz zu leisten (Art. 57 Abs. 1 lit. a) CISG). Daher lag auch der Gerichtsstand in der Schweiz.

202. Der deutsche Hersteller verkaufte 43 Kisten Autozubehör an den französischen Händler. Im Vertrag fand sich die Klausel: „cash against delivery". Trotzdem zahlte der Käufer bei Lieferung nicht. Der Verkäufer machte den Kaufpreis gerichtlich geltend. Für die Frage der Gerichtszuständigkeit kam es auf den Erfüllungsort für die Zahlung an. Wo war die Zahlung zu erfüllen?

In Frankreich (LG Nürnberg-Fürth v. 27.2.2003 (1 HKO 10820/01) - IHR 2004, 20; CISG-online Nr. 818). Im Rahmen der Zuständigkeitsprüfung war zu entscheiden, wo der Erfüllungsort für die Kaufpreisforderung lag. Grundsätzlich ist der Preis nach Art. 57 Abs. 1 lit. a) CISG am Ort des Verkäufers, hier in Deutschland zu zahlen. Anders ist dies nach Art. 57 Abs. 1 lit. b) CISG, wenn die Parteien die Zahlung gegen Übergabe der Ware vereinbaren; Erfüllungsort beim „Versand gegen Nachnahme" - wie hier - ist der Ort, an dem die Übergabe stattfinden sollte. Dies hatten die Vertragsparteien ausweislich der Vertragsklausel in Frankreich gewollt. Der Erfüllungsort lag daher in Frankreich. Deutsche Gerichte waren nicht zuständig.

203. Der dänische Händler kaufte von dem tschechischen Hersteller Apfelsaftkonzentrat. Der tschechische Händler hatte aus dem Kaufvertrag eine Kaufpreisforderung. Diese trat er an den deutschen Getränkeproduzenten ab, der dadurch Forderungsinhaber wurde. Der deutsche Getränkeproduzent verlangte vom dänischen Hersteller Zahlung des Kaufpreises. Für die Frage der Gerichtszuständigkeit kam es auf den Erfüllungsort für die Zahlung an. Wo lag dieser?

Dies ist umstritten (BGH v. 7.11.2001 (VIII ZR 263/00) - IHR 2002, 31 ff.; CISG-online Nr. 682). Im Rahmen der Prüfung der gerichtlichen Zuständigkeit kam die Frage auf, wo die Kaufpreisforderung zu erfüllen war. Grundsätzlich liegt der Erfüllungsort für die Kaufpreiszahlung nach Art. 57 Abs. 1 lit. a) CISG am Ort der Niederlassung des Verkäufers. Dies war ursprünglich in Tschechien. Ob sich hieran infolge der Abtretung etwas änderte, konnte vom BGH offen gelassen werden, da sich die Zuständigkeit der deutschen Gerichte aus anderen Umständen ergab. Die Literatur streitet darüber, ob die Abtretung Auswirkungen auf den Erfüllungsort hat. Gegen eine Änderung des Erfüllungsorts spricht, dass sich der Inhalt des Anspruchs durch die Abtretung grundsätzlich nicht ändert. Für eine Änderung spricht die Praktikabilität: Wenn der neue Gläubiger am Ort des alten Gläubigers keine Niederlassung hat, kann der Schuldner nach der Abtretung nur unter Schwierigkeiten an den neuen Gläubiger zahlen (vgl. einerseits Staudinger/*Magnus*, Art. 57 Rdn. 18 m. w. Nachw. und andererseits *Herber/Czerwenka*, Internationales Kaufrecht, 1991, Art. 57 Rdn. 10).

204. Der deutsche Händler kaufte vom holländischen Verkäufer 500.000 Warndreiecke. Später erhielt der Käufer vom Kraftfahrt-Bundesamt einen Bescheid, wonach der Verkauf und die Verwendung von Warndreiecken des gelieferten Typs verboten wurden. Der Käufer verlangte daher vom Verkäufer Rückzahlung des Kaufpreises gegen Rückgabe der Dreiecke. Für die Frage eines Gerichtsstandes war folgende Frage entscheidend: Wo musste die Rückzahlung erfüllt werden?

In Deutschland (LG Gießen v. 17.12.2002 (6 O 23/02) - IHR 2003, 276 ff.; CISG-online Nr. 766). Zu prüfen war zunächst, ob die Rückzahlung des Geldes vor dem Gericht am Sitz des Käufers in Gießen geltend gemacht werden konnte. Für den Ort des Gerichtsstands kam es auf den Ort der Rückzahlungsverpflichtung an. Wo der Kaufpreis ggf. zurückgezahlt werden muss, ist im UN-Kaufrecht nicht geregelt. Es war daher Art. 57 Abs. 1 lit. a) CISG analog heranzuziehen. Nach der Vorschrift hat der Käufer den Kaufpreis am Ort des Verkäufers zu zahlen. Wenn der Vertrag zurück abgewickelt wird, erfolgt eine „Umkehrung der Leistungsorte der Primärverpflichtungen", denn Lücken sind nach Art. 7 Abs. 2 CISG nach den Grundsätzen des UN-Kaufrechts selbst zu schließen. Verlangt der Käufer den Kaufpreis zurück, ist Erfüllungsort demnach der Niederlassungs-Ort des Käufers. Das Gericht am Ort des Käufers in Gießen/Deutschland war zuständig.

205. Der österreichische Käufer kaufte „Ware" vom schweizerischen Verkäufer und leistete eine Anzahlung von 30.000 €. Der Kaufvertrag wurde dann einvernehmlich storniert. Der Verkäufer hielt die Anzahlung wegen angeblicher anderer Ansprüche zurück. Der Käufer klagte auf Rückzahlung der Anzahlung. Für die Frage eines Gerichtsstandes war folgende Frage entscheidend: Wo musste die Rückzahlung erfüllt werden?

In Österreich (OGH Österreich v. 10.3.1998 (7 Ob 336/97f) - östZRVgl. 1998, 161 f.; CISG-online Nr. 356). Für die Zuständigkeit der Gerichte in Österreich kam es darauf an, wo der Anspruch auf Rückzahlung der Anzahlung zu erfüllen war (Gerichtsstand des Erfüllungsorts, Art. 5 LGVÜ). Den Erfüllungsort bestimmt das Recht, das für den Rückzahlungsanspruch gilt. Auf den Kaufvertrag war das UN-Kaufrecht anwendbar. Der Zahlungsort ist in Art. 57 CISG geregelt. Art. 57 CISG findet aber nur auf die Zahlung des Kaufpreises, nicht auf andere Zahlungen, wie etwa die etwaige Rückzahlung des Kaufpreises Anwendung. Der Käufer machte einen bereicherungsrechtlichen Anspruch geltend. Für diesen ist nach österreichischem Internationalen Privatrecht das Recht des Staates anwendbar, das auf das Rechtsverhältnis anzuwenden ist (§ 46 Satz 2 IPRG). Das Rechtsverhältnis war der aufgelöste Kaufvertrag, für den nach § 36 IPRG schweizerisches Recht galt. Geldschulden sind nach schweizerischem Recht Bringschulden und an dem Ort zu zahlen, an dem der Gläubiger seinen Geschäftssitz hat (Art. 74 OR). Dies war Österreich. Die dortigen Gerichte waren zuständig. *Anmerkung*: Eine ausdrückliche Regelung zum Zahlungsort bei Rückzahlungsansprüchen fehlt im UN-Kaufrecht. Es enthält insoweit eine Lücke. Lücken sind nach Art. 7 Abs. 2 CISG primär nach den Grundsätzen des Übereinkommens selbst zu schließen. Im Gegensatz zu deutschen Gerichten hat der OGH nicht erwogen, den Ort für die Erfüllung des Rückzahlungsanspruchs nach Art. 57 CISG analog zu bestimmen.

3. Zahlungszeit

206. Wann muss der Käufer auf der Grundlage des UN-Kaufrechts den Kaufpreis zahlen?

Art. 58 CISG normiert den Grundsatz, dass der Käufer den Kaufpreis zahlen muss, sobald ihm der Verkäufer die Ware (bzw. die Dokumente) zur Verfügung gestellt hat. Dies gilt auch für den Normalfall, dass der Vertrag eine Beförderung der Ware vorsieht. Der Verkäufer erfüllt bei einem solchen Fernkauf seine Verpflichtungen zwar bereits mit Übergabe der Ware an den ersten Beförderer (vgl. Art. 31 lit. a) CISG). Die Fälligkeit der Zahlung wird aber erst mit Andienung der Ware am Ort des Käufers ausgelöst (Art. 58 Abs. 1 und Abs. 2 CISG).

207. Wie kann der Käufer sicher sein, dass die angediente Ware vertragsgemäß ist, bevor er zahlt?

Bevor der Käufer nicht Gelegenheit hatte, die Ware zu untersuchen, muss er nicht zahlen (Art. 58 Abs. 3 CISG). Der Käufer kann also Vertragswidrigkeiten vor Zahlung feststellen und dann die Zahlung ggf. zurückhalten.

208. Das deutsche Schuh-Handelsunternehmen kaufte bei dem italienischen Produzenten 13.000 Paar Schuhe. Die Schuhe wurden in einzelnen Tranchen geliefert, aber nur zögerlich bezahlt. Deswegen verklagte der Verkäufer den Käufer auf Zahlung Der Käufer berief sich auf ein „branchenübliches Zahlungsziel" von 60 Tagen ab Rechnungsdatum. Der Verkäufer wollte dies nicht gelten lassen. Hat er Recht?

Ja (LG München v. 20.2.2002 (10 O 5423/01) - IHR 2003, 24 ff.; CISG-online Nr. 712). Die Parteien hatten vertraglich kein Zahlungsziel vereinbart. Der vom Käufer reklamierte Handelsbrauch im Sinne von Art. 9 Abs. 2 CISG hinsichtlich des Zahlungszeitpunktes (60 Tage später) konnte nicht festgestellt werden. Es kam für den Zahlungszeitpunkt daher auf Art. 58 CISG an: Der Käufer muss demnach zahlen, sobald der Verkäufer ihm die Ware zur Verfügung gestellt hat und der Käufer Gelegenheit hatte, sie zu untersuchen (Art. 58 Abs. 1 und 3 CISG).

209. Muss der Verkäufer den Käufer zur Zahlung auffordern oder darauf hinweisen, um die Fälligkeit des Zahlungsanspruchs herbeizuführen?

Nein. Die Fälligkeit des Kaufpreises tritt von selbst ein (Art. 59 CISG). Dies gilt auch für etwaige Schadensersatzansprüche oder Zinsen (vgl. Art. 78 CISG).

210. Der französische Musikalienhändler kaufte von dem schweizerischen Unternehmer 6.000 Audio CDs der Harlem Gospel Singers. Der Kaufpreis sollte am 24. Mai gezahlt werden. Bezahlt wurde aber nicht. Der Verkäufer machte neben dem Kaufpreis auch Zinsen gemäß Art. 78 CISG ab dem 24. Mai geltend. Der Käufer reklamierte, der Verkäufer hätte die Zahlung zumindest einmal anmahnen müssen. Wer hat Recht?

Der Verkäufer (Handelsgericht St. Gallen v. 11.2.2003 (HG.2001.11-HGK) - SZIER 2004, 107; CISG-online Nr. 900). Erfüllt der Käufer seine Zahlungspflicht nicht, treten die Rechtsfolgen wegen Nichterfüllung (z. B. Vertragsaufhebung nach Art. 61 Abs. 1 lit. a) CISG, Schadensersatz nach Art. 61 Abs. 1 lit. b) CISG oder Zinszahlung nach Art. 78 CISG) allein durch Fälligkeit des Kaufpreises und ohne vorherige Mahnung ein. Auch ohne Mahnung hatte der Käufer daher nach Art. 78 CISG Zinsen ab dem 24. Mai zu zahlen. *Anmerkung*: Die Regelung des UN-Kaufrechts ist härter als im nicht vereinheitlichten deutschen Recht. Nach diesem ist regelmäßig eine Mahnung für den Eintritt des Verzuges und der Zahlung von Verzugszinsen notwendig (vgl. § 286 Abs. 1 BGB).

V. Rechte des Verkäufers bei Vertragsverletzungen durch den Käufer

1. Grundlagen

211. Auf der Grundlage von Art. 61 Abs. 1 CISG und der darin enthaltenen Verweisungen: Die Vorschrift enthält einen Überblick über die dem Verkäufer zustehenden Rechtsbehelfe, wenn der

Käufer eine Vertragsverletzung begeht. Welche Rechtsbehelfe sind das?

Im Fall der Vertragsverletzung durch den Käufer kann der Verkäufer folgende Rechtsbehelfe geltend machen: Erfüllung, Vertragsaufhebung (= Rücktritt) und/oder Schadensersatz.

2. Erfüllung

212. Welches ist das primäre Gewährleistungsrecht des Verkäufers, wenn der Käufer seine Pflichten nicht ordnungsgemäß erfüllt?

Wie im deutschen (nicht vereinheitlichten Recht) gilt das Primat der Vertragserfüllung. Grundsätzlich sollen die einmal eingegangenen Verträge erfüllt werden. Dies bedeutet für den Käufer insbesondere: Kaufpreiszahlung und Abnahme der Ware (Art. 62 CISG).

213. Der deutsche Importeur kaufte von der russischen Handelskette 4 Tonnen tiefgefrorene gefüllte Teigtaschen, sogenannte „Blinys". Nach dem Vertrag sollten die Blinys einzeln „in neutralen Polyethylenbeuteln" geliefert werden. Die Blinys waren in blauen und weißen Beuteln verpackt. Der Käufer hatte durchsichtige Beutel erwartet. Nach seiner Ansicht ähnelten die Blinys in nicht-durchsichtiger Verpackung Artikeln aus der Sanitärbranche und seinen unverkäuflich. Der Käufer zahlte nicht. Die Blinys verdarben. Der Käufer wollte den Kaufpreis nicht zahlen. Zu Recht?

Nein (LG Hamburg v. 31.1.2001 (411 O 11/00) - CISG-online Nr. 876). Um nicht zahlen zu müssen, benötigte der Käufer entsprechende Rechtsbehelfe. Sie würden insbesondere voraussetzen, dass der Verkäufer eine seiner Vertragspflichten nicht erfüllt hat, vgl. Art. 45 Abs. 1 CISG. Die Blinys waren jedoch einzeln verpackt und damit vertragsgemäß (vgl. Art. 35 Abs. 1 CISG). Sie hätten in jedem Fall noch verkaufsfertig gemacht werden müssen, sei es durch Aufbringen eines Aufklebers oder durch Verpackung in einen Karton. Dies waren jedoch nicht Pflichten des Verkäufers, sondern des Käufers. Der Käufer hatte keine Rechtsbehelfe und musste den Kaufpreis nach Art. 53, 62 CISG zahlen.

214. Nach Art. 63 CISG kann der Verkäufer dem Käufer eine angemessene Nachfrist zur Erfüllung setzen. Was ist die Funktion dieser Nachfrist?

Das Setzen der Nachfrist zur Erfüllung durch den Verkäufer (Art. 63 CISG) hat zwei Funktionen: Zum einen kann der Verkäufer während des Laufs der Nachfrist keine dem widersprechende Rechtsbehelfe ausüben. Er darf insbesondere nicht etwa auf Leistung klagen oder den Vertrag aufheben, sondern muss den Lauf der Frist abwarten. Zum anderen – und darin liegt der Vorteil für den Verkäufer – eröffnet der fruchtlose Ablauf der Nachfrist dem Verkäufer u. U. die Möglichkeit, den Vertrags aufzuheben, nämlich insbesondere dann, wenn die Vertragsverletzung des Käufers keine „wesentliche" darstellt oder zumindest darüber Zweifel bestehen (vgl. Art. 64 Abs. 1 CISG).

3. Vertragsaufhebung

215. Das nach der Erfüllung im UN-Kaufrecht geregelte Gewährleistungsrecht für den Verkäufer ist die Vertragsaufhebung. Sie entspricht den Regelungen des Rücktritts i. S. d. BGBs. Was sind nach Art. 64 Abs. 1 CISG die Voraussetzungen dafür, dass der Verkäufer Vertragsaufhebung verlangen kann?

Der Verkäufer kann die Vertragsaufhebung erklären, wenn entweder der Käufer eine „wesentliche Vertragsverletzung" begangen hat (Art. 64 Abs. 1 lit. a) CISG) oder, wenn der Käufer auch binnen einer vom Verkäufer gesetzten Frist seine Pflichten zur Zahlung oder Abnahme nicht erfüllt oder erklärt, er werde dies innerhalb der so gesetzten Frist nicht tun (Art. 64 Abs. 1 lit. b) CISG).

216. Stellt die nicht rechtzeitige Zahlung eine wesentliche Vertragsverletzung i. S. v. Art. 64 Abs. 1 lit. a) CISG dar?

Nein, im Regelfall ist die nicht rechtzeitige Zahlung keine wesentliche Vertragsverletzung, die allein die Aufhebung des Vertrages durch den Verkäufer rechtfertigen kann.

217. Der deutsche Schmuckhersteller verkaufte seine Winterkollektion für 17.000 € an den österreichischen Schmuckhändler. Vereinbart war Vorkasse. Jedoch zahlte der Käufer nicht. Der Verkäufer setzte eine Frist zur Zahlung. Der Käufer zahlte immer noch nicht. Sodann verlangte der Verkäufer Lösung vom Vertrag und Schadensersatz. Konnte der Verkäufer Vertragsaufhebung erklären?

Ja (OGH Österreich v. 28.4.2000 (1 Ob 292/99v) - IHR 2001, 208 ff.; CISG-online Nr. 581). Der Verkäufer kann Vertragsaufhebung verlangen, wenn der Käufer nicht innerhalb einer vom Verkäufer gesetzten Nachfrist den Kaufpreis bezahlt, Art. 64 Abs. 1 lit. b) CISG. Diese Voraussetzungen waren hier erfüllt. Die Nichtzahlung stellte des Weiteren eine Vertragsverletzung durch den Käufer dar, die den Verkäufer zum Schadensersatz berechtigte, Art. 74 Abs. 1 CISG. Der Schaden lag in der Differenz zwischen den Herstellungskosten und dem vereinbarte Verkaufspreis.

218. Der deutsche Hersteller für Bettenzubehör verkaufte Lattenroste im Wert von 250.000 € an den holländischen Möbelhändler. Noch vor der Lieferung kam es zu einem Wechsel in der Geschäftsleitung des Käufers. Der neue Geschäftsführer erklärte, er komme bei den vereinbarten Preisen nicht auf seine Kosten und wolle die Ware nicht mehr. Der Verkäufer erklärte daraufhin die Vertragsaufhebung, verwertete die Ware anderweitig und verlangte vom Käufer den Mindererlös als Schadensersatz. War die Vertragsaufhebung durch den Verkäufer berechtigt?

Ja (LG Göttingen v. 20.9.2002 (7 O 43/01) - CISG-online Nr. 655). Vertragsaufhebung kann durch den Verkäufer im Falle einer wesentlichen Vertragsverletzung verlangt werden (vgl. Art. 64 Abs. 1 lit. a) CISG). Die Nichtabnahme der Ware stellt allenfalls bei Lager-Engpässen beim Verkäufer, sonst aber regelmäßig keine wesentliche Vertragsverletzung dar. Voraussetzung für das Recht des Verkäufers, Vertragsaufhebung zu verlangen, war daher grundsätzlich, dass er dem Käufer eine Frist zur Vertragserfüllung setzte, Art. 63 Abs. 1 CISG. Dies war nicht geschehen. Eine solche Fristsetzung war aber entbehrlich, da der Käufer die Abnahme der Lattenroste ernsthaft und endgültig verweigert hatte. Dem Verkäufer stand daher das Recht zur Vertragsaufhebung zu. *Anmerkung*: Ernsthafte und endgültige Erfüllungsverweigerung steht nach dem (nicht vereinheitlichtem) deutschrechtlichen Verständnis der erfolglosen Fristsetzung gleich (vgl. z. B. §§ 281 Abs. 2, 323 Abs. 2 BGB). Im UN-Kaufrecht hat diese Sichtweise keine ausdrückliche Stütze. Auch in der Literatur wird jedoch angenommen, dass die ernsthafte Zahlungsverweigerung einen wesentlichen Vertragsbruch darstellt (vgl. *Schlechtriem*, Internationales UN-Kaufrecht, 4. Aufl. 2007, Rdn. 242 a. E.).

219. Der deutsche Teppichhändler verkaufte an den österreichischen Teppichhändler Teppiche zum Preis von 35.000 €. Der Käufer bezahlte den Kaufpreis nicht. Daraufhin erklärte der Verkäufer den Rücktritt vom Vertrag und verlangte die Teppiche zurück. Der Käufer gab nur einen Teil der Teppiche zurück. Die Herausgabe des anderen Teils machte der Verkäufer gerichtlich geltend. War die Aufhebung des Vertrages durch den Verkäufer wirksam?

Ja (OGH Österreich v. 11.9.1997 (6 Ob 187/97m) - östZRVgl 1997, 245; CISG-online Nr. 340). Die *(vom Gericht nicht genannte)* Anspruchsgrundlage für ein Rückforderungsverlangen war Art. 81 Abs. 2 Satz 1 CISG, wonach die Rückgabe des Geleisteten nach Aufhebung des Vertrags verlangt werden kann. Eine Vertragsaufhebung nach Art. 63 Abs. 1, Art. 64 Abs. 1 lit. b) CISG erfordert grundsätzlich das Setzen einer Nachfrist, binnen derer der Käufer die Gelegenheit haben soll, den Kaufpreis zu zahlen. An einer solchen Nachfristsetzung durch den Verkäufer fehlte es. Dies half dem Käufer jedoch nichts, da er durch die Herausgabe eines Teils der Teppiche zumindest konkludent sein Einverständnis zum erklärten Rücktritt des Verkäufers gegeben hatte. Da einvernehmliche Abweichungen von den Bestimmungen des UN-Kaufrechts nach Art. 6 CISG ohne weiteres möglich sind, war das Setzen einer Nachfrist entbehrlich. Die Vertragsaufhebung war wirksam. Der Käufer musste auch die anderen Teppiche zurückgeben.

220. Stellt die Verletzung der Abnahmeverpflichtung durch den Käufer eine wesentliche Vertragsverletzung i. S. v. Art. 64 Abs. 1 lit. a) CISG dar?

Nein. Im Regelfall ist die Nichtabnahme keine wesentliche Vertragsverletzung, die dem Verkäufer das Recht zur Vertragsaufhebung gibt. Ausnahmsweise kann etwas anderes gelten, wenn dem Verkäufer an der schnellen Räumung seines Lagers oder seiner Transportbehältnisse gelegen ist. Liegt keine solche Ausnahme vor, führt allein die Fristsetzung über Art. 64 Abs. 1 lit. b) CISG zur Möglichkeit der Vertragsaufhebung durch den Verkäufer.

221. Kann das einmal durch den Verkäufer erworbene Recht zur Vertragsaufhebung wieder verloren gehen?

Ja. Insbesondere wenn der Käufer den Kaufpreis gezahlt hat, ist das für den Verkäufer wichtigste Interesse erfüllt. Der Verkäufer kann die Aufhebung des Vertrages dann nicht mehr erklären, wenn er von der Zahlung des Käufers Kenntnis erlangt hat (Art. 64 Abs. 2 lit. a) CISG).

4. Schadensersatz

222. Das nach der Erfüllung und Vertragsaufhebung im UN-Kaufrecht geregelte Gewährleistungsrecht für den Verkäufer ist der *Schadensersatz* (Art. 61 Abs. 1 lit. b) CISG). Was sind die Voraussetzungen dafür, dass der Verkäufer Schadensersatz verlangen kann?

Die Voraussetzung für Schadensersatzansprüche des Verkäufers ist eine Pflichtverletzung durch den Käufer. Auf die Art und Weise der Pflichtverletzung (bspw. Nichtleistung, Spätleistung oder Schlechtleistung) kommt es nicht an.

223. Ist für das Verlangen des Verkäufers nach Schadensersatz Verschulden des Käufers wie nach 280 BGB erforderlich?

Nein, das UN-Kaufrecht gewährt Schadensersatz auch dann, wenn der verpflichteten Partei kein Verschulden oder Vertretenmüssen vorzuwerfen ist.

5. Spezifizierung

224. Das UN-Kaufrecht enthält einen besonderen Rechtsbehelf für den Verkäufer im Falle des sog. Spezifikationskaufs. Auf der Grundlage von Art. 65 CISG: Können Sie beschreiben, was ein solcher Spezifikationskauf ist?

Beim Spezifikationskauf ist der Käufer verpflichtet (oder auch nur berechtigt) bestimmte Merkmale der Ware noch festzulegen. In der Praxis kommt diese Art der Kaufverträge vor allem im Bekleidungshandel vor, bei dem Modelle, Größen und Farben bei der Bestellung für die nächste Saison noch vorbehalten werden sollen.

225. Was kann der Verkäufer tun, wenn der Käufer seiner Festlegungsverpflichtung nicht nachkommt?

Nach Art. 65 Abs. 1 CISG kann der Verkäufer die Spezifikation selbst vornehmen, wenn der Käufer mit ihr säumig ist. Dabei ist der Verkäufer allerdings gehalten, die ihm bekannten Bedürfnisse des Käufers zu berücksichtigen.

226. Welchen Verfahrensablauf muss der Verkäufer bei der Spezifikation beachten?

Der Verkäufer muss dem Käufer die Einzelheiten seiner Spezifikation mitteilen und ihm eine angemessene Frist zur Antwort setzen. Antwortet der Käufer darauf nicht, wird die Spezifikation durch den Verkäufer verbindlich (Art. 65 Abs. 2 CISG).

VI. Gefahrübergang

227. Was bedeutet „Gefahrübergang" i. S. d. UN-Kaufrechts?

Die Gefahrtragungsregeln des UN-Kaufrechts legen die *Preisgefahr* fest. Gemeint ist damit der Zeitpunkt, nach dem der Untergang oder die Beschädigung der Ware die Pflicht des Käufers zur Zahlung nicht mehr berühren, weil der Verkäufer alle erforderlichen Handlungen vorgenommen hat (Art. 66 CISG). Kurz: Nach Gefahrübergang muss der Käufer zahlen, obwohl er ggf. die Ware nicht ordnungsgemäß erhält.

228. Wann geht nach dem UN-Kaufrecht die Gefahr im Normalfall auf den Käufer über?

Das UN-Kaufrecht unterscheidet für die Gefahrtragungsregeln danach, ob die Beförderung der Ware erforderlich ist, ob sich die Ware auf dem Transport befindet oder ein anderer Fall vorliegt. Der praktische Normalfall ist der des Versendungskaufs (Art. 31 lit. a) CISG); dabei geht die Gefahr auf den Käufer über, sobald die Ware dem ersten Beförderer zur Übermittlung an den Käufer übergeben wird (Art. 67 Abs. 1 CISG). Diese Regel entspricht § 447 Abs. 1 BGB.

229. Die Übergabe an den „ersten Beförderer" bewirkt im Normalfall den Gefahrübergang (Art. 67 Abs. 1 CISG). Sind auch eigene Leute des Verkäufers „erste Beförderer" in diesem Sinne?

Nein. „Beförderer" i. S. v. Art. 67 Abs. 1 CISG sind nur „unabhängige" Beförderer oder Spediteure. Übermittelt der Verkäufer die Ware durch eigenes Personal, verbleibt das Risiko bei ihm, und die Gefahr geht erst bei Aushändigung an den Käufer über (vgl. Schlechtriem/Schwenzer/*Hager*, CISG-Kommentar, 4. Aufl. 2004, Art. 67 Rdn. 5).

230. Wann geht nach dem UN-Kaufrecht die Gefahr auf den Käufer über, wenn Ware verkauft wird, die sich auf dem Transport befindet?

Ware kann auch verkauft werden, wenn sie sich auf der Schiene oder Straße befindet, fliegt oder schwimmt. In diesen Fällen geht die Gefahr grundsätzlich mit Abschluss des Kaufvertrags auf den Käufer über (Art. 68 S. 1 CISG). Ein Gefahrübergang bereits mit Aushändigung der Ware an den Beförderer (also noch vor Vertragsschuss) ist allerdings für den Fall vorgesehen, dass die Umstände den Schluss nahe legen, dass der Käufer die Gefahr bereits zu diesem Zeitpunkt übernehmen wollte (Art. 68 S. 2 CISG). Solche Umstände sind insbesondere das Bestehen (und Übernehmen) einer Transportversicherung, was in der Praxis der Regelfall sein dürfte.

231. Wann geht nach dem UN-Kaufrecht die Gefahr auf den Käufer über, wenn er die Ware beim Verkäufer abzuholen hat?

In dem praktisch selteneren Fällen einer Holschuld geht die Gefahr auf den Käufer über, wenn er die Ware übernimmt. Übernimmt er sie nicht rechtzeitig, tritt Gefahrübergang in dem Moment ein, in dem ihm die Ware zur Verfügung gestellt wird (Art. 69 Abs. 1 CISG).

232. Der deutsche Pferdehändler verkaufte einen Hengst an den französischen Züchter. Vertragsgemäß beauftragte der Käufer eine Spedition, die das Tier beim Verkäufer abholte. Auf dem Transport starb der Hengst an einer Kolik. Daraufhin weigerte sich der Käufer, für das tote Tier zu zahlen. Zu Recht?

Nein (OLG Schleswig-Holstein v. 29.10.2002 (3 U 54/01) - IHR 2003, 67; CISG-online Nr. 717). Der „Untergang" einer gekauften Sache befreit den Käufer nicht von der Pflicht zur Kaufpreiszahlung, wenn die Gefahr bereits auf ihn übergegangen ist, Art. 66 CISG. Es war daher zu prüfen, wann die Preisgefahr auf den Käufer übergegangen war. Soweit nicht einer der Spezialfälle „Versendungskauf" (Art. 67 CISG) oder „Verkauf schwimmender Ware" (Art. 68 CISG) vorliegt, kommt der Grundtatbestand des Art. 69 Abs. 1 CISG zur Anwendung: Muss der Verkäufer dem Käufer die Ware an seiner Niederlassung zur Verfügung stellen, geht die Gefahr mit Übernahme durch den Käufer auf diesen über. Übernahme bedeutet körperliche Annahme. Dies kann ggf. auch durch Beauftragte wie

Spediteure oder Frachtführer erfolgen. Der Gefahrübergang erfolgte also in dem Moment, in dem das Tier dem Spediteur des Käufers ausgehändigt wurde Der Käufer musste zahlen.

VII. Gemeinsame Bestimmungen über die Parteipflichten

1. Verschlechterungseinrede

233. Unter dem Schlagwort „Verschlechterungseinrede" wird in Art. 71 Abs. 1 CISG einer Vertragspartei das Recht gegeben, die Erfüllung ihrer Vertragspflichten auszusetzen. Sie soll sanktionieren können, wenn sich nach Vertragsschluss herausstellt, dass die eine Partei einen wesentlichen Teil ihrer Pflichten nicht nachkommen wird. Genannt sind drei Gründe. Welche sind das und können Sie jeweils dazu Beispiele nennen?

Eine Partei darf ihre Vertragserfüllung nach Art. 71 Abs. 1 lit. a) und lit. b) CISG aussetzen, (1.) bei einem Mangel in der Kreditwürdigkeit der anderen Partei (bspw. Eröffnung des Insolvenz-, Vergleichs- oder sonstigen Liquidationsverfahrens); (2.) bei einem Mangel in der Fähigkeit, den Vertrag zu erfüllen (bspw. drohender Streik, Zerstörung der Produktionsmittel, drohendes Exportverbot oder politisches Embargo); (3.) bei unzureichendem Verhalten bei der Vorbereitung oder bei der Erfüllung des Vertrages (bspw. Nichtbeschaffung von Lagerraum oder die bekundete Absicht, nicht abnehmen zu wollen).

234. Der tschechische Hersteller verkaufte an den österreichischen Händler in verschiedenen Tranchen Schirme. Der Hersteller lieferte erst 700, dann weitere 800 Schirme. Anstatt zu zahlen, bestellte der Käufer noch zusätzlich 3.000 Schirme. Der Verkäufer war zur Lieferung bereit, aber erst nach Bezahlung der bereits ausgelieferten und Zahlungsbestätigung für die weiteren 3.000 Schirme. Daraufhin schickte der Käufer dem Verkäufer den von seiner Bank abgestempelten Überweisungsbeleg über 135.000 € für insgesamt 4.500 Schirme. Ohne den Verkäufer vor Auslieferung der weiteren 3.000 Schirme zu informieren, widerrief der Käufer jedoch die Überweisung. Der Verkäufer hatte also für die drei Tranchen keine Zahlung erhalten. Der Käufer wollte

sich vom Vertrag und eventuellen weiteren Lieferverpflichtungen lösen. Konnte er seine Lieferpflichten aussetzen?

Nein (OGH Österreich v. 12.2.1998 (2 Ob 328/97t) - östZRVgl 1999, 65 ff.; SZIER 1999, 202; CISG-online Nr. 349). Zugunsten des Verkäufers kam ein sogenanntes Aussetzungsrecht nach Art. 71 Abs. 1 CISG in Betracht. Danach besteht ein Leistungsverweigerungsrecht bei Erwartung künftiger Störungen in der Vertragsabwicklung. Gründe für die Störungen sind etwa schwerwiegende Mängel in der Fähigkeit, den Vertrag zu erfüllen oder in der Kreditwürdigkeit oder Fehlverhalten bei der Erfüllung des Vertrages. Ein Mangel in der Kreditwürdigkeit liegt etwa bei Eröffnung des Insolvenzverfahrens vor. Allein der Umstand, dass der Käufer die drei Tranchen Schirme nicht bezahlt hatte, reichte als Mangel in der Kreditwürdigkeit des Käufers i. S. v. Art. 71 Abs. 1 lit. a) CISG nicht aus. Auch aus der Stornierung der Überweisung ergab sich nicht mit hoher Wahrscheinlichkeit ein schwerwiegender Solvenzmangel des Käufers. Die Voraussetzungen des Art. 71 Abs. 1 lit. a) CISG lagen nicht vor. Der Verkäufer hatte nach dem OGH Österreich kein Aussetzungsrecht. *Anmerkung*: Das Gericht legte sehr strenge Maßstäbe an das Aussetzungsrecht nach Art. 71 Abs. 1 lit. a) CISG an. Nicht ausdrücklich prüfte es zudem, ob ein Aussetzungsrecht nach Art. 71 Abs. 1 lit. b) CISG in Betracht kam, wonach auch das Verhalten einer Partei bei der Vertragserfüllung ein Aussetzungsrecht geben kann. Die Stornierung der Überweisung machte durchaus Unwilligkeit des Verkäufers, wenn nicht gar Arglist deutlich.

235. Müssen die Verschlechterungen, die einer Partei das Aussetzungsrecht nach Art. 71 Abs. 1 CISG geben, nach Vertragsschluss auftreten oder dürfen sie auch bereits bei oder vor Vertragsschluss vorgelegen haben?

Die Verschlechterungen können auch bereits bei oder vor Vertragsschluss vorgelegen haben; sie müssen für die aussetzende Partei aber erst nach Vertragsschluss erkennbar geworden sein. Erforderlich ist, dass die aussetzende Partei den Vertrag in Unkenntnis der negativen Umstände eingegangen ist.

236. In Art. 71 Abs. 2 S. 1 CISG ist ein sog. *„Stoppungsrecht"* verankert. Was verbirgt sich dahinter?

Der Verkäufer, der die Ware bereits abgesendet hat, kann die Auslieferung der Ware an den Käufer verhindern, wenn sich nach Versand einer der Verschlechterungsfälle des Art. 71 Abs. 1 CISG herausstellt. Der Verkäufer muss versuchen, den Transporteur zu einer Befolgung seiner Stopp-Anweisung zu bewegen. Die Vorschrift wirkt nur zwischen den Parteien des Kaufvertrages. Sie begründet zu Lasten Dritter, etwa des Spediteurs oder des Frachtführers, nicht etwa die Pflicht, den Rückruf durch den Verkäufer zu befolgen. Ob der Spediteur/Frachtführer verpflichtet ist, den Stopp zu beachten, richtet sich nach seinem Vertrag mit dem Verkäufer.

2. Voraussehbarer Vertragsbruch

237. Welchen Rechtsbehelf sieht das UN-Kaufrecht vor, wenn für eine Partei offensichtlich ist, dass die andere einen wesentlichen Vertragsbruch begehen wird?

Man spricht vom „antizipierten Vertragsbruch". Es wäre nicht sinnvoll, wenn die vertragstreue Partei eine bevorstehende wesentliche Vertragsverletzung abwarten müsste, um dann erst die Aufhebung des Vertrages (nach Art. 49 Abs. 1 lit. a) oder 64 Abs. 1 lit. a) CISG) zu verlangen. Sie kann den Vertrag daher schon vorher aufheben (Art. 72 Abs. 1 CISG).

238. Wann ist eine bevorstehende wesentliche Vertragsverletzung so offensichtlich, dass Vertragsaufhebung verlangt werden kann?

Die nötige Offensichtlichkeit bedeutet einen hohen Grad an Wahrscheinlichkeit. Dies ist zum einen anzunehmen, wenn der Schuldner erklärt, er werde nicht leisten (Art. 72 Abs. 3 CISG). Zum anderen gehören hierher Fälle, in denen die Unmöglichkeit der Leistung evident ist (bspw. die Fabrikationsstätte ist abgebrannt, die Speziessache ist untergegangen oder es wurden Export-/Importverbote erlassen).

239. Welches Verfahren ist bei einer Vertragsaufhebung wegen antizipierten Vertragsbruchs einzuhalten?

Das UN-Kaufrecht hält auch im Bereich des antizipierten Vertragsbruchs am Primat der Vertragserfüllung fest. Nach Möglichkeit soll die vertragstreue Partei der anderen Partei die Absicht anzeigen, den Vertrag aufzuheben. Dies allerdings nur, „wenn es die Zeit erlaubt und es nach den Umständen vernünftig ist" (Art. 72 Abs. 2 CISG). Die „vorsichtige" Sprache des Gesetzes (freilich nur eine Übersetzung von (u. a.) „reasonable") zeigt, dass die Anzeige in einigen Fällen nicht notwendig ist.

240. Der schweizerische Käufer bestellte beim deutschen Verkäufer eine Schlüsselprägemaschine für 130.000 €. Der Verkäufer ließ die Maschine bei einem Hersteller anfertigen. Der Verkäufer und der Hersteller gerieten in Streit. Als Folge davon beendete der Hersteller die Geschäftsverbindung zum Verkäufer. Der Hersteller berichtete dem Käufer von den Vorgängen, lieferte die Maschine selbst an ihn aus und kassierte den Preis. Fünf Monate später verlangte der Verkäufer vom Käufer Vertragserfüllung, insbesondere Kaufpreiszahlung. Dagegen machte der Käufer die Vertragsaufhebung geltend. Zu Recht?

Nein (BGH v. 15.2.1995 (VIII ZR 18/94) - NJW 1995, 2101 ff.; IPRax 1996, 195 ff.; CISG-online Nr. 149). Nach Art. 72 Abs. 1 CISG gilt: Wenn schon vor dem für die Vertragserfüllung festgesetzten Zeitpunkt offensichtlich ist, dass eine Partei eine wesentliche Vertragsverletzung begehen wird, kann die andere Partei Vertragsaufhebung verlangen. Der Käufer hatte ein solches Recht wegen antizipierten Vertragsbruchs wohl in dem Moment erworben, in dem er von der Beendigung der Geschäftsbeziehung zwischen Verkäufer und Hersteller erfuhr. Denn zu diesem Zeitpunkt war zu befürchten, dass der Verkäufer nicht mehr in der Lage sein würde, die Maschine zu liefern und dem Käufer das Eigentum an ihr zu verschaffen. Art. 72 CISG dient aber nur dem Schutz gegen eine künftige Vertragsverletzung und ist zeitlich der Lieferung und ihren möglichen Störungsformen vorgelagert. Nach Lieferung kann der Käufer Vertragsaufhebung nur nach Art. 49 CISG geltend machen. Ob die nach Art. 49 Abs. 1 lit. a) CISG notwendige wesentliche Vertragsverletzung vorlag, konnte offen bleiben. Der Käufer hatte sein mögliches Aufhebungsrecht jedenfalls deshalb verloren, weil er es nicht innerhalb angemessener Frist ausgeübt hatte (vgl. Art. 49 Abs. 2 lit. b) CISG). Fünf Monate waren dafür zu lang. Hiernach musste der Käufer den Kaufpreis zahlen.

3. Sukzessivlieferungsvertrag

241. Das UN-Kaufrecht enthält eine besondere Regelung für Leistungsstörungen bei Sukzessivlieferungsverträgen. Es handelt sich um Verträge, die die aufeinander folgende Lieferung von Waren vorsehen. Welchen Teil des Vertrages kann der Käufer bei einer (wesentlich) gestörten Teilleistung aufheben?

Nach dem Grundsatz des UN-Kaufrechts gibt die wesentliche Vertragsverletzung in Bezug auf eine Teilleistung dem Käufer das Recht, Vertragsaufhebung hinsichtlich auch nur der gestörten Teilleistung zu verlangen (Art. 73 Abs. 1 CISG). Der Käufer muss dann den auf diese Teillieferung entfallenden Preis nicht zahlen und die zugehörige Ware nicht abnehmen.

242. Kann der Käufer bei der (wesentlichen) Störung einer Teillieferung auch Vertragsaufhebung für künftige Lieferungen verlangen?

Die Aufhebung des Sukzessivlieferungsvertrags mit ex-nunc Wirkung für die Zukunft ist in Art. 73 Abs. 2 CISG vorgesehen. Sie setzt voraus, dass die Mangelhaftigkeit oder das Ausbleiben einer Teilleistung berechtigten Anlass zu der Befürchtung gibt, dass auch die noch ausstehenden Leistungen nicht richtig (und zwar im Sinne eines wesentlichen Vertragsverstoßes) erbracht werden. Ist dies gegeben, muss der Käufer die Vertragsaufhebung für die Zukunft binnen angemessener Zeit erklären.

243. Kann der Käufer bei der (wesentlichen) Störung einer Teillieferung auch Vertragsaufhebung für den gesamten Vertrag, also für künftige und auch für bereits einwandfrei erbrachte Lieferungen verlangen?

Die Aufhebung des Sukzessivlieferungsvertrags mit ex-tunc Wirkung ist nach Art. 73 Abs. 3 CISG nur möglich, wenn der Zusammenhang der Teilleistungen einen vertragsgemäßen Gebrauch der schon erbrachten Teile nicht zulässt. Beispiel: Der Verkäufer liefert vertragsgemäß sukzessive die aufeinander abgestimmten Komponenten einer Industriefertigungsanlage. Wird die Lieferung einer der Komponenten unmöglich (= wesentlicher Vertragsverletzung) und sind die bereits vorher gelieferten Komponenten allein nicht brauchbar, kann der Käufer die Aufhebung des gesamten Vertrags erklären.

4. Schadensersatz

a) Grundlagen

244. Die Regelungen zum Haftungsumfang bei Schadensersatz finden sich im UN-Kaufrecht zusammengefasst in dem Kapitel „Gemeinsame Bestimmungen über die Pflichten des Verkäufers und des Käufers" (dort in Art. 74 bis 77 CISG). Auf diese Regelungen wird in Art. 45 Abs. 1 lit. b) CISG (für die Rechte des Käufers) und in Art. 61 Abs. 1 lit. b) CISG (für die Rechte des Verkäufers) verwiesen. Was ist jeweils die wichtigste Anspruchsvoraussetzung dafür, dass die andere Partei Schadensersatz verlangen kann?

Grundlage für die Schadensersatzverpflichtung ist eine *Pflichtverletzung*. Um welche Art von Pflichtverletzung es sich handelt (bspw. Unmöglichkeit, Verspätung, Schlechtleistung), spielt grundsätzlich keine Rolle.

245. Der italienische Marken-Bekleidungshersteller („Benetton") verkaufte an den deutschen Einzelhändler Waren für über 50.000 €. Sodann führte der Hersteller eine weltweite Kampagne mit schockierender Werbung durch: Durch die Darstellung von geschundenen Kreaturen (z. B. ölverschmutzte Ente, arbeitende Kinder oder Sterbenskranke) sollte bei den Verbrauchern Mitleid und Solidarisierung, somit eine Steigerung der Verkehrsbekanntheit der Marke hervorgerufen und schließlich der Umsatz gesteigert werden. Die Werbung stieß auf Ablehnung und Protest und wurde schließlich eingestellt. Der deutsche Ein-

zelhändler musste erheblichen Umsatzrückgang hinnehmen. Den geforderten Kaufpreis wollte er daher an den Hersteller nicht zahlen; gegen die Kaufpreisforderung machte er vielmehr eigene Schadensersatzansprüche geltend. Lag eine Pflichtverletzung des Herstellers gegenüber dem Käufer vor, die letzteren zum Schadensersatz berechtigte?

Nein (BGH v. 23.7.1997 (VIII ZR 134/96) - NJW 1997, 3309 ff.; SZIER 1997, 86 ff.; EWiR 1997, 985 f.; CISG-online Nr. 276). Ein vertraglicher Schadensersatzanspruch des Käufers gegen den Kleidungs-Hersteller schied aus. Denn Voraussetzung wäre in jedem Fall eine Pflichtverletzung des Herstellers gegen den Käufer gewesen (vgl. Art. 45 Abs. 1 lit. b), 74 CISG). Der Hersteller führte die Werbung in eigener Regie durch. Dabei war er zwar gehalten, auf die schutzwürdigen Belange des Käufers Rücksicht zu nehmen. Dieses Gebot zur Rücksichtnahme führte aber nicht dazu, dass der Hersteller immer den „sichersten Weg" wählen musste. Wäre die Werbung erfolgreich gewesen, hätte der Käufer schließlich auch profitiert. Nun war sie ein Fehlschlag, was der Käufer grundsätzlich hinzunehmen hatte. Der Hersteller war erst in dem Zeitpunkt verpflichtet, die Schockwerbung abzubrechen, in dem objektiv erkennbar war, dass diese Art der Werbung ihren Geschäftspartnern Schaden zufügen konnte. Diese Grenze hatte der Hersteller nicht überschritten. Der Käufer hatte keinen Schadensersatzanspruch gegen den Hersteller und musste den (ungeminderten) Kaufpreis zahlen.

246. Setzt das UN-Kaufrecht für eine Schadensersatzverpflichtung wie das BGB *Verschulden* in der Person des Verpflichteten voraus?

Nein. Die Schadensersatzpflicht nach dem UN-Kaufrecht ist verschuldensunabhängig. Allerdings gibt es ausnahmsweise für den Schuldner Entlastungsmöglichkeiten, die seine Verantwortung und Haftung einschränken oder ausschließen können (Art. 79, 80 CISG).

247. Was muss ein Schuldner nach dem UN-Kaufrecht tun, wenn er zum Schadensersatz verpflichtet ist?

Der Verpflichtete muss den Vermögenszustand herstellen, der bestünde, wenn die Vertragsverletzung nicht eingetreten wäre. Der Ausgleich erfolgt immer in Geld, ist nicht wie nach § 249 BGB auf Naturalrestitution gerichtet und erstreckt sich auch auf entgangenen Gewinn (Art. 74 S. 1 CISG).

248. Welches sind Beispiele für typische Schadenspositionen, die nach dem UN-Kaufrecht ersetzt werden können?

Verspätungsschäden, Kosten für Reparaturen oder Rücktransport, entgangener Weiterverkaufsgewinn oder Betriebsgewinn, Rechtsverfolgungskosten und auch der Schaden am guten Ruf des Unternehmens (good will).

249. Gibt das UN-Kaufrecht auch Schadensersatz wegen Personenschäden?

Nein. Ansprüche wegen Personenschäden sind nach Art. 74 CISG nicht erstattungsfähig (vgl. auch Art. 5 CISG). Sie müssen nach den über das Internationale Privatrecht zu findenden Regeln der nicht vereinheitlichten nationalen Rechtsordnungen geprüft werden.

250. Nach Art. 74 S. 2 CISG ist nur der Schaden zu ersetzen, der für die vertragsbrüchige Partei bei Vertragsschluss als mögliche Folge ihrer Vertragsverletzung voraussehbar war (der anglo-amerikanische Rechtskreis spricht von der „*contemplation rule*"). Welches rechtspolitische Prinzip verbirgt sich dahinter?

Die Begrenzung des Schadensersatzes auf die Voraussehbarkeit soll beiden Vertragspartnern die Möglichkeit geben, das Risiko des Vertrages zu kalkulieren. Die Beteiligten sollen abschätzen, was es kostet, wenn sie den Vertrag nicht erfüllen. Das Ergebnis kann dann in Relation dazu gesetzt werden, wie hoch der mögliche Ertrag aus dem Geschäft ist und ob sich der Vertrag zu den ermittelten Ertragsaussichten und Haftungsrisiken lohnt (zur

Geschichte vgl. *Faust*, Die Voraussehbarkeit des Schadens gemäß Art. 74 Abs. 2 CISG, 1996).

251. Der italienische Winzer lieferte Wein an den deutschen Weinhändler. Der Wein war entgegen der vertraglichen Vereinbarungen von minderwertiger Qualität. Der Weinhändler machte Schadensersatzansprüche geltend, da er Kunden und seinen guten Ruf verloren habe. Zu Recht?

    Nein (LG München v. 30.8.2001 (12 HK O 5593/01); CISG-online Nr. 668). Die Schadensersatzgrundlage des Art. 74 CISG ist weit formuliert und erfasst grundsätzlich auch entgangenen Gewinn und den sogenannten „good-will-Schaden". Dabei besteht die Schwierigkeit jedoch in der Bezifferung eines konkreten Schadensbetrages und dessen Nachweis. Zudem muss der Schaden nach Art. 74 Satz 2 CISG für den vertragsbrüchigen Teil voraussehbar sein. Die Vorhersehbarkeit des Schadens wurde vom Gericht nicht angenommen. Es sprach dem Käufer kein Schadensersatzanspruch zu. *Anmerkung*: Das Gericht urteilte hinsichtlich der Vorhersehbarkeit des Schadens am „good will" ungewöhnlich streng, da Weinhändler typischerweise mit schlechter Qualität einen guten Ruf verlieren können.

252. Welches sind Beispiele für typischerweise voraussehbare Schäden bei Nichtlieferung oder Lieferung vertragswidriger Ware?

    Es entscheiden stets die Umstände des Einzelfalls, aber: Voraussehbar dürften im Regelfall die Kosten und Schäden dafür sein, dass der Käufer die Ware nicht verwenden kann, wie etwa Produktionsausfall oder entgangener Gewinn durch Weiterverkauf. Auch der Verlust von Abnehmern bzw. Kunden, Kosten für Reparatur, Untersuchungen der Ware, ggf. auch durch Sachverständige, Lagerung und Rücktransport sind typischerweise vorhersehbar.

253. Welches sind Beispiele für typischerweise voraussehbare Schäden bei verspäteter Zahlung?

    Es entscheiden freilich immer die Umstände des Einzelfalls, aber: Voraussehbar dürften im Regelfall die Kosten für Kredite,

Rechtsverfolgung, Inkasso durch ein Inkassounternehmen und sogar Geldwertverluste durch Inflation sein.

254. Der schweizerische Großhändler kaufte von dem deutschen Verkäufer für 800.000 USD Fleisch. Das Fleisch wurde per Schiff nach Ägypten gebracht, wo es industriell verarbeitet werden sollte. Dort stellte sich heraus, dass das Fleisch wegen eines überhöhten Fett-, Blut- und Nässeanteils minderwertig und etwa 25 % weniger wert war, als mit der vereinbarten Qualität. Dem Kaufpreisverlangen des Verkäufers hielt der Käufer entgegen, dass er Schadensersatzansprüche hätte, da sein ägyptischer Abnehmer nun abgesprungen und ihm erheblicher Gewinn entgangen sei. War der Schaden voraussehbar und daher im Rahmen von Art. 74 CISG zu ersetzen?

Ja (Bundesgericht Schweiz v. 28.10.1998 (4C. 179/1998) - SZIER 1999, 179 ff.; CISG-online Nr. 413). Nach Art. 74 CISG darf der Schadensersatz den Verlust nicht übersteigen, den die vertragsbrüchige Partei vorausgesehen hat oder hätte voraussehen müssen. Der Schadensersatz ist demnach auf den vorhersehbaren Schaden begrenzt (sog. „contemplation rule"). Der Schaden ist jedenfalls dann voraussehbar, wenn der Käufer dem Verkäufer über die beabsichtigte Verwendung der Ware besondere Angaben gemacht und ihm die Möglichkeit gegeben hatte, das Risiko abzulehnen oder dafür einen höheren Preis auszuhandeln. Hieran fehlte es. Darüber hinaus ist ein Schaden für den Verkäufer aber auch dann voraussehbar, wenn der Käufer erkennbar Zwischenhändler in einem empfindlichen Markt ist und zudem keine Möglichkeit hat, durch eigene Vorkehrungen seine Abnehmer anderweitig fristgerecht mit mangelfreier Ware zu beliefern. Da der Verkäufer wusste, einen Großhändler mit einer bedeutenden Menge Fleisch zu beliefern, wusste er auch, dass eine Schlechtlieferung zu Problemen mit den Abnehmern des Käufers führen musste. Der Schaden war daher voraussehbar und vom Verkäufer zu ersetzen. Der Käufer konnte diesen Schadensersatzanspruch (Art. 74 CSIG) dem Kaufpreisverlangen entgegenhalten.

b) Schadensberechnung und Deckungsgeschäft

255. Die Berechnung des Schadensersatzes wird durch das UN-Kaufrecht vereinfacht, wenn der zum Schadensersatz berechtigte Teil ein sog. *Deckungsgeschäft* getätigt hat. Was sind die Voraussetzungen, die für die Schadensberechnung auf der Grundlage von Art. 75 CISG erfüllt sein müssen?

Damit eine Schadensberechnung nach Art. 75 CISG möglich ist, bedarf es zweier Voraussetzungen: Erstens muss die Aufhebung des Vertrages erklärt worden sein. Zweitens muss die vertragstreue Partei ein Deckungsgeschäft getätigt haben; d. h. der Verkäufer muss die Ware anderweitig verkauft oder der Käufer die Ware anderweitig erworben haben.

256. Wann und in welcher Art und Weise muss der zum Schadensersatz Berechtigte das Deckungsgeschäft tätigen?

Das Deckungsgeschäft muss in angemessener Weise und binnen eines angemessenen Zeitraums nach der Aufhebung vorgenommen werden (Art. 75 CISG). Zur Angemessenheit gehört auch ein angemessener Preis. Maßstab für die Angemessenheit ist das Vorgehen eines vorsichtigen und umsichtigen Geschäftsmanns. Allerdings braucht sich das Deckungsgeschäft nicht auf dieselbe Menge und dieselben Liefer- und Zahlungsbedingungen zu beziehen. Wichtig ist aber, dass es eindeutig den Ersatz für den aufgelösten Vertrag darstellt.

257. Wie erfolgt die Berechnung des Schadensersatzes nach UN-Kaufrecht mit Hilfe eines Deckungsgeschäfts?

Liegen die Voraussetzungen für ein Deckungsgeschäft nach Art. 75 CISG vor, kann der Ersatzberechtigte den Differenzbetrag als Schadensersatz verlangen. Der Differenzbetrag ist für den Verkäufer beim Deckungsverkauf der Unterschied zwischen dem vereinbarten und dem tatsächlich erlösten Preis, für den Käufer beim Deckungskauf der Unterschied zwischen vereinbarten und dem tatsächlich aufgewendeten Preis.

258. Der deutsche Stahlhändler kaufte vom englischen Stahlhändler spezielles Material zum Preis von 26.000 USD. Der Vertrag sah den Gerichtsstand und den Erfüllungsort für Zahlung und Lieferung in Deutschland vor. Der Verkäufer geriet in Lieferschwierigkeiten. Nach einiger Korrespondenz erklärte der Käufer die Vertragsaufhebung und kaufte das Material von seiner (!) bolivianischen Tochtergesellschaft zum doppelten Preis. Die Differenz verlangte der Käufer vom Verkäufer als Schadensersatz. Ist die Schadensberechnung mit Hilfe des Deckungsgeschäfts (Art. 75 CISG) möglich?

Ja (LG Braunschweig v. 30.7.2001 (21 O 703/01) - IHR 2002, 71 ff.; CISG-online Nr. 689). Großbritannien ist zwar nicht Vertragsstaat des UN-Kaufrechts; die Anwendbarkeit des Übereinkommens folgte aber aus Art. 1 Abs. 1 lit. b) CISG. Denn die Regeln des deutschen Internationalen Privatrechts führten wegen besonders enger Verbindung zu Deutschland zur Anwendung deutschen Rechts (Art. 28 Abs. 1 EGBGB) und somit zu dem eines Vertragsstaats. Gemäß Art. 75 CISG darf der Käufer nach Vertragsaufhebung einen Deckungskauf durchführen und erhält die Differenz zwischen dem ersten (vereinbarten) und dem zweiten (gezahlten) Kaufpreis als Schadensersatz. Der Verkäufer musste den Schaden in der reklamierten Höhe ersetzen. *Anmerkung*: Art. 75 CISG verlangt einen Deckungskauf „in angemessener Weise". Das deutsche Gericht hat insoweit nicht gezweifelt, obwohl der Käufer beim Deckungskauf den doppelten Preis bezahlt hatte. Freilich ist der Gedanke nicht abwegig, dass der Käufer versucht sein konnte, von seiner Tochtergesellschaft nicht besonders preisgünstig einzukaufen, wenn er weiß, dort Gewinne zu erzeugen, die letztlich vom Erst-Verkäufer zu zahlen sind.

259. Der deutsche Rohstoffhändler verkaufte an den schweizerischen Rohstoffhändler das Material MTBE für 386 USD pro Tonne. Der Käufer übernahm die Ware zu dem vereinbarten Termin nicht und überschritt auch eine vom Verkäufer gesetzte Nachfrist von 5 Tagen. Der Verkäufer erklärte den Rücktritt vom Vertrag. 2 Tage später verkaufte der Verkäufer den Rohstoff an einen Dritten für 337 USD pro Tonne. Die Differenz von insgesamt 47.000 USD verlangte der Verkäufer als Schadensersatz

vom (Erst-) Käufer. Ist die Schadensberechnung mit Hilfe von Art. 75 CISG möglich?

Ja (Kantonsgericht Zug v. 12.12.2002 (A3/2001/34) - CISG-online Nr. 720). Der Verkäufer war berechtigt, den Vertrag aufzuheben. Denn der Käufer hatte die Ware nicht binnen der vom Verkäufer gesetzten Frist abgenommen. Damit waren die Voraussetzungen des Art. 64 Abs. 1 lit. b) CISG für einen Rücktritt erfüllt und es bedurfte keiner Prüfung, ob die Nichtabnahme der Ware eine „wesentliche Vertragsverletzung" darstellte, Art. 64 Abs. 1 lit. a) CISG. Nach Art. 75 CISG darf der Verkäufer nach Vertragsaufhebung einen Deckungsverkauf tätigen und die Differenz zum ersten Verkauf als Schadensersatz verlangen. Der Deckungsverkauf war auch in angemessener Weise vorgenommen worden, wie es Art. 75 CISG vorschreibt. Der Käufer musste den Differenzbetrag zahlen.

260. Die Berechnung des Schadensersatzes wird durch das UN-Kaufrecht auch dann vereinfacht, wenn der zum Schadensersatz berechtigte Teil kein Deckungsgeschäft getätigt hat. Was sind die Voraussetzungen, die für die Schadensberechnung auf der Grundlage von Art. 76 Abs. 1 CISG erfüllt sein müssen?

Für eine Schadensberechnung nach Art. 76 Abs. 1 CISG, bedarf es dreier Voraussetzungen: Erstens muss die Aufhebung des Vertrages erklärt worden sein. Zweitens darf die vertragstreue Partei kein Deckungsgeschäft getätigt haben. Drittens muss die Ware einen Marktpreis haben.

261. Was ist ein *Marktpreis*, der bei der Schadensersatzberechnung i. S. v. Art. 76 CISG herangezogen werden kann?

Ein Marktpreis i. S. v. Art. 76 CISG liegt jedenfalls dann vor, wenn es für die Ware eine amtliche Preisnotierung gibt. Es ist aber auch hinreichend, wenn sich auf Grund regelmäßiger Geschäftsabschlüsse für Ware gleicher Art an einem bestimmten Handelsplatz ein laufender Preis gebildet hat (vgl. näher *Roßmeier*, RIW 2000, 407, 409).

262. Wie erfolgt nach dem UN-Kaufrecht die Berechnung des Schadensersatzes, wenn kein Deckungsgeschäft getätigt wurde?

Wenn kein Deckungsgeschäft getätigt wurde, kann der Ersatzberechtigte ohne weiteren Schadensnachweis den Differenzbetrag zwischen dem vereinbarten Preis und dem Marktpreis verlangen. Es handelt sich um einen Fall der abstrakten Schadensberechnung. Kaufmännisch macht dies freilich nur in folgenden Fällen Sinn: Für den Käufer, wenn der Marktpreis höher ist als der vereinbarte Kaufpreis, für den Verkäufer wenn der Marktpreis niedriger ist als der vereinbarte Kaufpreis.

c) Schadensminderungspflicht

263. Ist im UN-Kaufrecht auch – wie etwa in § 254 Abs. 2 S. 1 BGB – eine Pflicht bzw. Obliegenheit des Schadensersatzberechtigten zur Schadensminderung verankert?

Ja. Der Gläubiger von Schadensersatz muss alle angemessenen Maßnahmen zur Verringerung des Schadens treffen (Art. 77 CISG). Unterlässt er Schadensminderungsmaßnahmen, verringert sich die Höhe seins Ersatzanspruchs.

264. Welches sind Beispiele für angemessene Maßnahmen, die der Ersatzberechtigte nach der in Art. 77 CISG verankerten Schadensminderungspflicht ergreifen muss?

Der Ersatzberechtigte ist bspw. gehalten, den anderen Vertragsteil über die besondere Art oder Höhe eines ihm drohenden Schadens zu informieren; bei marktgängiger Ware kann ein Deckungskauf (vgl. Art. 75 CISG) geboten sein; muss der Schadensersatzberechtigte die Ware an den Verkäufer zurückgeben, muss er für angemessene Aufbewahrung und Werterhaltung sorgen; hat die zurückzugebende Ware geringe Mängel, die sich weiterzufressen drohen, kann der Käufer verpflichtet sein, die Mängel auf Kosten des Verkäufers zu beheben.

265. Der österreichische Züchter von Weinreben kaufte von dem deutschen Verkäufer 5.000 kg spezielles Wachs. Dieses sollte bei der Veredelung von Weinreben genutzt werden, um ein

Austrocknen der Reben zu verhindern und die Infektionsgefahr zu verringern. Das gelieferte Wachs stammte aus Ungarn, wobei der Hersteller eine schädliche Grundsubstanz verwendet hatte. Der Käufer erfuhr von der möglichen Schadhaftigkeit des Wachses, nachdem er die Hälfte seiner Pflanzen damit behandelt hatte. Trotzdem verwendete er es noch einige Zeit weiter. Die Pflanzen gingen ein und der Käufer verlangte vom Verkäufer Schadensersatz. Im gerichtlichen Verfahren beanstandete der Verkäufer die Weiterverwendung des Wachses durch den Käufer nicht. War der Schadensersatzanspruch des Käufers zu mindern?

Ja (BGH v. 24.3.1999 (VIII ZR 121/98) - NJW 1999, 2440 ff.; WM 1999, 1466 ff.; RIW 1999, 617 ff.; CISG-online Nr. 396). Grundlage für einen Schadensersatzanspruch des Käufers war Art. 45 Abs. 1 lit. b), 74 ff. CISG, der zunächst eine Pflichtverletzung voraussetzt. Das gelieferte Wachs konnte nicht für den Vertragszweck verwendet werden und war damit nicht vertragsgemäß i. S. v. Art. 35 CISG. Der Verkäufer konnte sich nicht darauf berufen, dass nicht er, sondern der Hersteller einen Fehler gemacht hatte. Denn nach Art. 79 CISG kann sich der Verkäufer nur dann entlasten, wenn die Mangelhaftigkeit auf Umständen beruht, die außerhalb seines eigenen und des Einflussbereichs seines Vorlieferanten beruhen. Der Verkäufer musste daher für den Fehler des ungarischen Herstellers einstehen, bzw. hätte das Wachs seinerseits testen müssen. Allerdings war der Schadensersatzanspruch nach Art. 77 CISG zu mindern. Denn der Käufer hatte durch die Weiterverwendung des Wachses in Kenntnis der Mangelhaftigkeit gegen seine Schadensminderungspflicht verstoßen. *Anmerkung*: Nach dem BGH ist Art. 77 CISG eine Einwendung, die von Amts wegen zu berücksichtigen ist. Dies ist auch herrschende Literaturansicht, vgl. Schlechtriem/Schwenzer/*Stoll/Gruber*, CISG-Kommentar, 3. Aufl. 2004, Art. 77 Rdn. 12. Der Wortlaut in Art. 77 S. 2 CISG: „ ... the party in breach may claim a reduction ... " bzw. „ ... la partie en défaut peut demander une réduction ... " legt indessen nahe, dass es sich um eine Einrede handelt, die geltend gemacht werden muss (so *Schlechtriem*, Internationales UN-Kaufrecht, 4. Aufl. 2007, Rdn. 316, der jedoch den unverbindlichen deutschen Text zugrunde legt).

266. Der israelische Kleidungshersteller kaufte von dem schweizerischen Maschinenfabrikanten eine nach speziellen Wünschen hergestellte Textilverarbeitungsmaschine für 1 Mio. €. Noch vor der Lieferung geriet der Käufer in Zahlungsschwierigkeiten. Nach Korrespondenz, Mahnungen und erfolglosen Fristsetzungen „verzichtete" der Verkäufer auf die Kaufpreiszahlung (= Vertragsaufhebung nach Art. 64 CISG); stattdessen verlangte er Schadensersatz in voller Höhe des Kaufpreises von 1 Mio. € zuzüglich Nebenkosten. War der Schadensersatzanspruch des Käufers aus Schadendminderungsaspekten zu reduzieren?

Ja (Handelsgericht St. Gallen v. 3.12.2002 (HG.1999.82-HGK) - SZIER 2003, 104; CISG-online Nr. 727). Verletzt eine Partei den Vertrag, schuldet sie der anderen nach Art. 74 CISG grundsätzlich Schadensersatz. Der Verkäufer war vorliegend jedoch nach Art. 77 CISG verpflichtet, umfassend zur Schadensminderung beizutragen. Der Verkäufer hatte sich namentlich um eine anderweitige Veräußerung der Maschine zu bemühen; da dies angesichts der Spezialanfertigung schlecht möglich war, hatte der Verkäufer sie mindestens zu demontieren und in Einzelteilen zu verwerten; des weiteren musste er die ersparten Frachtkosten, die Aufwendungen für die unterbliebene Montage und die ersparte Vertreterprovision in Abzug zu bringen. Nur in dieser (erheblich) verminderten Höhe hatte er einen Anspruch auf Schadensersatz nach Art. 74 CISG.

267. Der deutsche Unternehmer verkaufte einen Bagger, den er selbst für 40.000 € erworben hatte, an den österreichischen Maschinenhändler zum Preis von 60.000 €. Der Käufer geriet in Zahlungsschwierigkeiten und nahm den Bagger auch nach Fristsetzungen nicht ab. Der Verkäufer erklärte daraufhin die Vertragsaufhebung (Art. 64 Abs. 1 lit. b) CISG). Sodann verkaufte er den Bagger für 40.000 € an denjenigen zurück, von dem er ihn ursprünglich erworben hatte. Die Differenz von 20.000 € verlangte der Verkäufer aus Art. 75, 74, 61 Abs. 1 lit. b) CISG vom vertragsbrüchigen Käufer ersetzt. Letzterer erhob den Vorwurf, der Verkäufer habe den Bagger zu billig verkauft und damit gegen seine Schadensminderungspflicht verstoßen. War der Schadensersatzanspruch zu mindern?

Nein (OLG Graz v. 24.1.2002 (4 R219/01k) - CISG-online Nr. 801). Nach Art. 77 CISG muss die Partei, die sich auf eine Vertragsverletzung beruft, alle angemessenen Maßnahmen zur Verringerung des Verlusts treffen. Dessen ungeachtet durfte der Verkäufer den Bagger zu jenem Preis wieder verkaufen, zu dem er ihn selbst erworben hatte. Der Umstand, dass der Käufer ursprünglich 60.000 € zu zahlen bereit war, belegte nicht einen höheren Wert des Baggers. Der Käufer musste 20.000 € Schadensersatz zahlen.

5. Zinsen

268. Angenommen, ein Beteiligter aus einem UN-Kaufrechts-Vertrag ist mit der Zahlung von Geldbeträgen in Verzug, schuldet er darauf Zinsen?

Ja. Jede Partei, die aus dem Kaufvertrag Geld schuldet, muss darauf Zinsen zahlen (Art. 78 CISG). Die Pflicht trifft in erster Linie den Käufer hinsichtlich des Kaufpreises aber auch den Verkäufer, falls er wegen Vertragsaufhebung das Geld erstatten muss und letztlich auch beide Parteien, falls sie Schadensersatz schulden.

269. Wie hoch ist der nach dem UN-Kaufrecht geschuldete Zinssatz?

Das UN-Kaufrecht enthält für die Höhe des Zinssatzes keine Festlegung. Die Frage nach der Höhe der Zinsen und der anwendbaren Rechtsordnung ist umstritten. Nach h. M. bestimmt sich der Zins nach dem Recht, das gemäß Internationalen Privatrechts auf den Vertrag anwendbar wäre, gäbe es das UN-Kaufrecht nicht (zum Streitstand Staudinger/*Magnus*, Art. 78 Rdn 12 f. m. w. Nachw.). Nach EGBGB ist dies regelmäßig das Recht am Sitz des Verkäufers (Art. 28 Abs. 2 EGBGB). Gilt BGB, beträgt der Zinssatz 4 % (§ 246 BGB).

270. Der englische Kleidungshändler bestellte bei dem deutschen Großhändler Bekleidungsartikel. Der Käufer zahlte nicht. Der Verkäufer verlangte neben dem Kaufpreis auch 12 % p. a. Zinsen, da er ständig Bankkredit zu diesen Konditionen in An-

spruch nahm. War die Höhe der geltend gemachten Zinsen berechtigt?

Ja (LG Saarbrücken v. 25.11.2002 (8 O 68/02) - IHR 2003, 70; CISG-online Nr. 718). Zwar hatte der Käufer seine Niederlassung nicht in einem Vertragsstaat. Auf den Vertrag war nach Art. 1 Abs. 1 lit. b) CISG gleichwohl das UN-Kaufrecht anzuwenden, da das deutsche Internationale Privatrecht über Art. 28 Abs. 2 EGBGB auf das deutsche und damit auf das Recht eines Vertragsstaats verweist. Nach Art. 78 CISG ist der Verkäufer berechtigt, Zinsen zu verlangen, wenn der Kaufpreis nicht rechtzeitig bezahlt wird. Die Höhe der Zinsen regelt das UN-Kaufrecht nicht. Es war daher der gesetzliche Zinssatz der Rechtsordnung maßgeblich, die nach den Regeln des Internationalen Privatrechts zu bestimmen ist. Nach Art. 28 Abs. 2 EGBGB war dies deutsches Recht. Hiernach gaben die §§ 352, 353 HGB 5 % als gesetzlichen Zinssatz vor. Weil der Verkäufer Kredit in Anspruch nahm, konnte er darüber hinaus die Zinsnachteile als Schadensersatz über Art. 74, 78 CISG geltend machen. Wegen seines Bankkredits konnte der Verkäufer insgesamt 12 % p. a. Zinsen für sich reklamieren.

6. Haftungsbefreiungen

271. Nach dem Grundprinzip des UN-Kaufrechts hat jeder Vertragspartner für die Nichterfüllung seiner Pflichten auch unabhängig von seinem Verschulden einzustehen. Dies gilt namentlich für die Pflicht zur Zahlung von Schadensersatz. Gibt es Grenzen?

Ja. Die Grenzen sind zunächst in der Generalklausel des Art. 79 Abs. 1 CISG festgeschrieben. Demnach hat der Schuldner für Vertragsverletzungen durch solche Hinderungsgründe nicht einzustehen, die außerhalb seines Einflussbereichs liegen oder die er nicht in Betracht ziehen oder vermeiden musste.

272. Muss der Schuldner nach dem UN-Kaufrecht auch für das Verhalten „eigener Leute" einstehen (ähnlich § 278 BGB für Erfüllungsgehilfen)?

Ja. Die Haftungsverpflichtung für eigene Leute ergibt sich daraus, dass diese vom Schuldner angestellt und von seinen Weisungen abhängig sind (Art. 79 Abs. 1 CISG). Der Schuldner muss für sie einstehen, selbst wenn er die Hilfspersonen nicht zur Vertragserfüllung eingesetzt hat oder sie sich nicht an seine Weisungen halten.

273. Der deutsche Autohändler erwarb einen seltenen PKW TR5 für einen äußerst günstigen Preis. Die Vertragsverhandlungen fanden teilweise über das Mobiltelefon und teilweise in einem Container auf einem dubiosen Gelände statt, wo viele hochwertige Fahrzeuge zum Verkauf angeboten wurden. Nachdem der deutsche Autohändler über die deutsche Polizei hatte feststellen lassen, dass mit dem Auto „alles in Ordnung" war, verkaufte er ihn seinerseits und übergab ihn in Deutschland an einen italienischen Autohändler für 41.500 €. Nun stellte sich heraus, dass das Auto gestohlen war. Es wurde von den italienischen Behörden sichergestellt und dem wahren Eigentümer zurückgegeben. Der Käufer verlangte daraufhin vom Verkäufer Schadensersatz. Der Verkäufer berief sich darauf, dass er auf die Geschehnisse keinen Einfluss gehabt hatte und daher nicht haften müsste. Zu Recht?

Nein (OLG München v. 5.3.2008 (7 U 4969/06) - CISG-online Nr. 1686). Der Verkäufer war nach Art. 30 CISG verpflichtet, dem Käufer das Eigentum an dem Auto zu verschaffen. Dieser Pflicht kam er jedoch nicht nach, da der PKW abhanden gekommen war und ein gutgläubiger Erwerb an § 935 Abs. 1 BGB scheiterte. Denn nach Art. 4 S. 2 lit. b) CISG i. V. m. Art. 43, 28 EGBGB fanden bezüglich der dinglichen Wirkung des Vertrages die Vorschriften des deutschen Sachenrechts Anwendung. Die gescheiterte Eigentumsverschaffung hatte zur Folge, dass dem Käufer grundsätzlich nach Art. 45 Abs. 1 lit. b) CISG ein Schadensersatzanspruch zustand. Diese Haftung ist Garantiehaftung und damit vom Verschulden des Verkäufers unabhängig. Ein Ausschluss der Haftung nach Art. 79 CISG kam nicht in Betracht, da unter Berücksichtigung der Gesamtumstände die Vertragsverletzung nicht außerhalb des Verantwortungsbereichs des Beklagten lag, nicht unvorhersehbar und unabwendbar war. Angesichts der geschilderten Begleitumstände des Erwerbs des Autos durch den Verkäufer hätten diesem die dubiosen Begleitumstände zu der Annahme bringen müssen, dass das Auto womöglich gestohlen war, das Geschäft jedenfalls nicht „mit rechten Dingen zuging". Auch die Nachforschungen bei der deutschen Polizei änderten hieran nichts. Der Verkäufer musste Schadensersatz leisten.

274. Welches sind Beispiele für Hinderungsgründe, die außerhalb des Einflussbereichs des Schuldners liegen, mit der Folge, dass sie ihn von der Haftung befreien?

Die Hinderungsgründe müssen gewissermaßen „höhere Gewalt" darstellen - ggf. macht die englische Version des UN-Kaufrecht dies deutlicher, es heißt dort: „impediment beyond his control". Beispiele sind etwa: Naturkatastrophen, Feuer, Blitzschlag, Dürre, Frost, Krieg, Ausfuhrsperren, Straßen- bzw. Verkehrssperren, Großunfälle oder Epidemien.

275. Das koreanische Handelsunternehmen kaufte von dem deutschen Chemikalienhändler ein chemisches Produkt (Phthalic Anhydride) für 500.000 $. Der Verkäufer geriet in Lieferschwierigkeiten, weil sein mexikanischer Zulieferer infolge „höherer Gewalt" nicht liefern konnte. Darüber informierte der Verkäufer den Käufer. Der Käufer kaufte daraufhin anderweitig teurer ein und verlangte die Differenz als Schadensersatz. Der Verkäufer wies dies zurück. Konnte er sich auf den Befreiungsgrund des Art. 79 CISG berufen?

Nein (LG Hamburg v. 26.11.2003 (411 O 99/02) - CISG-online Nr. 875). Ist der Vertrag aufgehoben und hat der Käufer einen Deckungskauf getätigt, kann er nach Art. 75 CISG den Unterschied zwischen dem vereinbarten Preis und dem Preis des Deckungskaufs als Schadensersatz geltend machen. Nach Art. 79 Abs. 1 CISG hat der Schuldner aber für Vertragsverletzungen nicht einzustehen, wenn der Hinderungsgrund außerhalb seines Einflussbereichs liegt. Allerdings ist es beim Gattungskauf das typische Risiko des Verkäufers, dass ihm die Beschaffung der Ware gelingt. Er wird nicht dadurch entlastet, dass ihn sein Lieferant im Stich lässt; der Verkäufer hätte sich – wie der Käufer auch – anderweitig eindecken müssen. Art. 79 CISG war nicht erfüllt. Der Verkäufer musste Schadensersatz leisten.

276. Befreit jeder Hinderungsgrund i. S. v. Art. 79 CISG den Schuldner von seiner Schadensersatzpflicht, wenn der Hinderungsgrund außerhalb seines Einflussbereichs liegt?

Nein. Der Hinderungsgrund befreit den Schuldner nur dann von der Haftung, wenn er nach der Risikoverteilung weder gehalten war, das Hindernis bei Vertragschluss in Betracht zu ziehen noch es zu vermeiden oder seine Folgen zu überwinden. Vereinfacht gilt als Grundsatz: Das Beschaffungsrisiko trägt typischerweise der Verkäufer; er kann sich regelmäßig nicht darauf berufen, dass sein Lieferant ausgefallen, die Ware zu teuer geworden oder verloren gegangen ist. Das Verwendungsrisiko trägt typischerweise der Käufer; er kann sich regelmäßig nicht darauf berufen, dass die Ware wegen schlechter Wirtschaftslage nicht mehr verkäuflich, wegen neuerer Produkte unmodern oder der kalkulierte Preis nicht mehr zeitgemäß ist.

277. Kann sich die zum Schadensersatz verpflichtete Partei auf der Grundlage des UN-Kaufrechts auch dann von der Haftung befreien, wenn einer ihrer Erfüllungsgehilfen gehandelt hat?

Ja. Schaltet die Vertragspartei einen selbständigen Dritten zur Erfüllung ihrer Verbindlichkeiten ein, haftet sie nicht, wenn die in Art. 79 Abs. 1 CISG genannten Gründe sowohl in der Person des Schuldners als auch in der Person des Dritten vorliegen (Art. 79 Abs. 2 CISG).

278. Welches Verfahren muss eine Partei einhalten, wenn sie sich auf die Haftungsbefreiung berufen will?

Die an der Erfüllung gehinderte Partei muss der anderen Partei den Hinderungsgrund und dessen Auswirkungen binnen angemessener Frist mitteilen (Art. 79 Abs. 4 S. 1 CISG). Diese Mitteilung ist allerdings nicht Voraussetzung für die Berufung auf den Befreiungsgrund. Unterbleibt sie, muss der Verpflichtete aber den daraus resultierenden Schaden ersetzen. Beispiel: Infolge Blitzschlags in die Produktionsanlage kann der Verkäufer die Ware nicht liefern. Dies befreit den Verkäufer von der Haftung. Er versäumt es aber, den Käufer rechtzeitig darüber zu informieren. Der Käufer verkauft die Ware (freilich ohne sie zu haben – als sog. „Leerverkauf") mit Gewinn an einen Dritten, kann diesen Gewinn aber wegen des Lieferhindernisses nicht realisieren. Den entgangenen Gewinn erhält der Käufer vom Verkäufer ersetzt (Art. 79 Abs. 4 S. 2 CISG).

279. Kann sich eine verpflichtete Partei bei allen gegen sie geltend gemachten Rechtsbehelfen auf die Haftungsbefreiungsregelungen des Art. 79 CISG berufen?

Nein. Art. 79 CISG gilt nur für Schadensersatzverpflichtungen (Art. 79 Abs. 5 CISG).

280. Gibt es im UN-Kaufrecht auch Haftungsbefreiungsgründe, die den Verpflichteten gegen alle möglichen Rechtsbehelfe entlasten?

Ja. Art. 80 CISG entlastet nicht nur von Schadensersatzpflichten, sondern schließt auch alle anderen Rechtsbehelfe aus.

281. Unter welchen Voraussetzungen kann sich eine Partei auf die völlige Haftungsbefreiung des Art. 80 CISG berufen?

Soweit die Nichterfüllung von Pflichten der einen Partei auf einer Handlung oder Unterlassung der anderen Partei beruht, ist jede Haftung der nicht erfüllenden Partei ausgeschlossen. Es handelt sich bei der Regelung des Art. 80 CISG um ein allgemeines Prinzip, das letztlich auch aus dem Grundsatz von Treu und Glauben (Art. 7 Abs. 1 CISG) hergeleitet werden könnte. In der Praxis spielen Handlungen und Unterlassungen der anderen Partei oft bei Mitwirkungspflichten eine Rolle, etwa wenn der Käufer dem Verkäufer Pläne, Materialien oder Zutaten liefern, Genehmigungen beibringen oder ein Akkreditiv stellen muss.

7. Wirkungen der Vertragsaufhebung

282. Das UN-Kaufrecht enthält in einem gesonderten Abschnitt (Art. 81 bis 84 CISG) Regelungen zur Wirkung der Aufhebung des Vertrages. Sie gelten sowohl für den Käufer als auch für den Verkäufer. Welche Rechtsfolgen treten ein, wenn der Vertrag aufgehoben ist?

Durch die Vertragsaufhebung wird ein Rückgewährschuldverhältnis geschaffen. Es entfallen die Verpflichtungen zur Zahlung des Kaufpreises und zur Lieferung der Ware bzw. Dokumente. Soweit bereits Leistungen erbracht worden sind, müssen sie Zug um Zug zurückgewährt werden (Art. 81 Abs. 1 und Abs. 2 CISG).

283. Der deutsche Chemikalien-Händler kaufte vom italienischen Pestizit-Verkäufer das Produkt „U" für 165.000 €. Nach der Lieferung stellte sich heraus, dass „U" nicht die vereinbarte Qualität aufwies. In nachfolgenden Gesprächen erklärte der Käufer: „... dass das Produkt zurückgehen soll ... die Ware geht retour, wir wollen die Probleme nächste Woche klären ...". Der Verkäufer antwortete: „... Bitte schick mir so schnell wie möglich das U zurück". Später verlangte der Verkäufer dennoch den Kaufpreis. Zu Recht?

Nein (OLG Köln v. 19.5.2008) (16 U 62/07) – CISG-online Nr. 1700). Der Anspruch auf Zahlung des Kaufpreises war zwar entstanden. Die – durch E-Mails und mündliche Gespräche dokumentierten – Äußerungen der Vertragsparteien waren im Wege der Auslegung als Aufhebungsvertrag gemäß Art. 29 CISG zu werten. Die Aufhebung des Vertrages hatte zur Folge, dass der Käufer von seiner Pflicht zur Zahlung des Kaufpreises befreit wurde (Art. 81 Abs. 1 CISG).

284. Der deutsche Einzelhändler kaufte von dem italienischen Großhändler über Jahre hinweg insgesamt über 35.000 Fernsehgeräte. Ein Gerätemodell erwies sich als besonders mangelanfällig. Die Beteiligten kamen überein, dass der Verkäufer die noch beim Käufer verbliebenen 729 Stück gegen Kaufpreiserstattung zurücknehmen würde. Dann stritten die Parteien über die Moda-

litäten der Rückabwicklung. Insbesondere wollte der Verkäufer den zu erstattenden Betrag mit anderen Ansprüchen verrechnen. Durfte er das?

Nein (OLG Düsseldorf v. 28.5.2004 (I-17 U 20/02) - IHR 2004, 203 ff.; CISG-online Nr. 850). Die getroffene Einigung über die Rücknahme der Geräte gegen Kaufpreiserstattung war als Aufhebungsvertrag nach Art. 29 Abs. 1 CISG einzuordnen. Daher war das UN-Kaufrecht auch auf die Aufhebung eines dem Übereinkommen unterfallenden Kaufvertrages anwendbar. Dies bedeutete insbesondere, dass die Rückabwicklung in analoger Anwendung des Art. 81 Abs. 2 CISG zu erfolgen hatte. Die Beteiligten mussten Geld und Ware also Zug um Zug zurückgeben. Der Verkäufer durfte eine Zurückhaltung oder Verrechnung des Kaufpreises mit anderen Ansprüchen nicht vornehmen.

285. Entfällt durch die Vertragsaufhebung auch die Pflicht zur Zahlung von Schadensersatz?

Nein, etwaige Schadensersatzpflichten bleiben bestehen (Art. 81 Abs. 1 S. 1 CISG).

286. Im Fall der Rückabwicklung des Vertrages müssen Kaufpreis und Ware erstattet werden. Dürfen die verpflichteten Parteien etwaige Zinsen und Nutzungen behalten?

Nein. Muss der Verkäufer den Kaufpreis erstatten, muss er ihn vom Tag der Rückzahlungsverpflichtung an verzinsen (Art. 84 Abs. 1 CISG). Muss der Käufer die Ware zurückgeben, hat er den Gegenwert aller Vorteile und Nutzungen an den Verkäufer auszukehren (Art. 84 Abs. 2 CISG).

287. Welches sind die Käuferpflichten, wenn die Ware zurückzugeben ist, er aber hierzu nicht mehr imstande ist (bspw. durch Untergang, Verbrauch oder Verarbeitung der Ware)?

Der Käufer, der die Rückgabe der Ware nicht erfüllen kann, schuldet dem Verkäufer den Gegenwert aller Vorteile, die er aus der Ware oder einem Teil der Ware gezogen hat (Art. 84 Abs. 2

CISG). Es tritt demnach ein Wertersatzanspruch an die Stelle der Sache als Surrogat. Verschlechterungen, die der Käufer nicht verursacht hat und die er auch nicht verhindern konnte (bspw. durch Abnutzung im Rahmen der normalen Verwendung) wird er in entsprechender Anwendung von Art. 79 CISG jedoch nicht zu verantworten haben (vgl. Schlechtriem/Schwenzer/*Hornung*, CISG-Kommentar, 4. Aufl. 2004, Art. 84 Rdn. 23 ff.).

288. Der deutsche Autohändler kaufte vom schweizerischen Autohändler einen Oldtimer-Rennwagen Jaguar C-Type zum Preis von 170.000 €. Der Käufer veräußerte den Wagen sogleich für 198.500 € an einen Dritten weiter. Gleichwohl zahlte der Käufer jedoch den von ihm geschuldeten Kaufpreis (170.000 €) nur teilweise und stockend. Daher erklärte der Verkäufer letztlich den Rücktritt vom Kaufvertrag. Welches waren die Pflichten des Käufers infolge der Vertragsaufhebung?

Der Käufer musste dem Verkäufer 198.500 € zahlen (OLG Karlsruhe v. 14.2.2008 (9 U 46/07) – IHR 2008, 53 ff.; CISG-online Nr. 1649). Die Voraussetzungen für ein Aufhebungsrecht des Verkäufers nach Art. 64 Abs. 1 lit. b) CISG waren vorliegend erfüllt. Die Vertragsaufhebung bewirkt die Rückabwicklung der Leistungen (Art. 81 ff. CISG). Der zugesprochene Anspruch (der Kaufpreis zuzüglich des Gewinns aus dem Weiterverkauf) resultierte aus einer analogen Anwendung von Art. 84 Abs. 2 lit. b) CISG. Unmittelbar konnte die Vorschrift nicht angewendet werden, weil sie verlangt, dass der Käufer die Vertragsaufhebung erklärt. Die analoge Anwendung war aber geboten, weil das Grundprinzip herrscht, dass jede Partei ihr aufgrund der erhaltenen Leistungen zugeflossene Vorteile auszugleichen hat. Im Falle der Weiterveräußerung stellt der Verkaufserlös einen solchen Vorteil dar.

289. Der österreichische Bauunternehmer kaufte regelmäßig von dem deutschen Hersteller zugeschnittene Trennwand-Paneele. Für alle Lieferungen war die Kondition „ab Werk" vereinbart. Eine Liefereinheit Paneele war nicht zugeschnitten, sondern bestand aus Plattenrohlingen. Die Parteien vereinbarten die Rücksendung dieser Ware an den Verkäufer. Nach dem Rücktrans-

port durch eine Spedition, kamen die Platten in einem so desolaten Zustand beim Verkäufer an, dass sie nur noch als Brennholz zu verwenden waren. Wer dies verschuldet hatte, konnte nicht geklärt werden. Der Verkäufer verlangte den Wert der unbrauchbaren Ware (8.000 €) vom Käufer ersetzt. Zu Recht?

Nein (OGH Österreich v. 29.6.1999 (1 Ob 74/99k) - ZfRVgl 2000, 33 ff.; TranspR-IHR 1999, 48 ff.; CISG-online Nr. 483). Durch die Klausel „ab Werk" war im Grundsatz vereinbart, dass der Käufer die Transportgefahr ab der Fabrik des Verkäufers zu tragen hatte. Hinsichtlich der gelieferten Plattenrohlinge waren sich Käufer und Verkäufer einig, den Vertrag aufzuheben und rückabzuwickeln. Dies ist durch Änderungsvertrag ohne weiteres möglich (Art. 29 Abs. 1 CISG). Die Folgen einer einvernehmlichen Vertragsaufhebung regelt das UN-Kaufrecht nicht. Lücken sind aus dem UN-Kaufrecht heraus und nicht mittels Rückgriffs auf nationales Recht zu schließen (Art. 7 Abs. 2 CISG). Der Leistungsort für die vertraglichen Primärleistungen ist spiegelbildlich auf die Rückabwicklungspflichten zu übertragen. Die Gefahr sollte ursprünglich beim Verkäufer „ab Werk" auf den Käufer übergehen. Die Rückabwicklung ist in diesen Fällen am Ort des Käufers zu bewirken. Der Gefahrübergang erfolgte also in dem Moment der Übergabe der Ware an den mit dem Rücktransport betrauten Spediteur. Dem Verkäufer stand demnach kein Schadensersatzanspruch zu.

290. Angenommen, der Käufer kann die Ware nicht an den Verkäufer zurückgeben, weil sie untergegangen ist oder sich ihr Zustand seit Übergabe massiv verschlechtert hat. Kann der Käufer trotzdem die Aufhebung des Vertrages verlangen?

Nein. Der Käufer verliert in diesen Fällen grundsätzlich das Recht, Vertragsaufhebung zu verlangen (Art. 82 Abs. 1 CISG). Dies gilt u. a. jedoch nicht, wenn die Verschlechterung nicht durch den Käufer herbeigeführt wurde oder, wenn die Verschlechterung infolge der Untersuchung nach Art. 38 CISG eingetreten ist (Art. 82 Abs. 2 lit. b) CISG). Wichtig: Der Käufer verliert nur das Recht, den Vertrag aufzuheben. Minderung oder Schadensersatz kann er weiterhin verlangen (Art. 83 CISG).

291. Der österreichische Großhändler verkaufte an den deutschen Getränkekonzern 1.000 Hektoliter Apfelsaftkonzentrat. Der Verkäufer lieferte die Ware nicht an den Käufer, sondern unmittelbar zum Endabnehmer. Der Endabnehmer vermischte das Konzentrat mit der Ware anderer Lieferanten und verpackte es in 500.000 Tetra-Packs. Nun stellte sich heraus, dass die Ware mit Zucker versetzt war und daher nicht zur Apfelsaftherstellung, sondern allenfalls zur Herstellung von Fruchtsaftgetränk geeignet war. Der Käufer verlangte Aufhebung des Vertrages. Zu Recht?

Nein (OLG Stuttgart v. 12.3.2001 (5 U 216/99) - CISG-online Nr. 841). Der Käufer hatte sein Recht zur Vertragsaufhebung nach Art. 82 Abs. 1 CISG verloren. Denn es war ihm durch die Vermischung unmöglich, die Ware im Wesentlichen so zurückzugeben, wie er sie erhalten hatte. Der Käufer konnte sich auch nicht auf Art. 82 Abs. 2 lit. c) CISG berufen: danach bleibt das Recht zur Vertragsaufhebung trotz Unmöglichkeit der Rückgabe erhalten, wenn die Unmöglichkeit der Rückgabe auf einem Verkauf im normalen Geschäftsverkehr oder auf normaler Verwendung beruht. Der Fall eines „Streckengeschäfts" ist jedoch nicht als Abverkauf im normalen Geschäftsverkehr einzuordnen. Vertragsaufhebung konnte daher nicht verlangt werden. Dem Käufer verblieb das Recht zu mindern, oder Schadensersatz zu verlangen (Art. 83 CISG).

8. Erhaltung der Ware und Selbsthilfeverkauf

292. Als Ausdruck einer allgemeinen Sorgfaltspflicht der Vertragsparteien enthält das UN-Kaufrecht in den Art. 85 bis 88 CISG Regelungen über Obhutspflichten von Käufer und Verkäufer in bestimmten Fällen. Welches ist ein Beispiel hierfür?

Nimmt der Käufer Ware nicht ab oder zahlt er den Kaufpreis nicht, so muss der Verkäufer, der die Ware noch hat, alle zur Erhaltung der Ware angemessenen Maßnahmen treffen (Art. 85 CISG); hierzu zählen bspw. (sichere) Einlagerung, Schutz vor Feuchtigkeit oder Verderb. Die entsprechende Pflicht zur Erhaltung der Ware trifft den Käufer, wenn sich die Ware schon bei ihm befindet, er aber von einem Zurückweisungsrecht Gebrauch machen will (Art. 86 CISG). Hat die verpflichtete Vertragspartei kein eigenes Lager, darf auf Kosten der anderen Partei auch bei einem Dritten eingelagert werden (Art. 87 CISG).

293. Der schweizerische Unternehmer kaufte vom deutschen Verkäufer eine Spulenwickelmaschine. Nach der Lieferung stellte sich heraus, dass die Maschine nicht alle Funktionen und Leistungen erfüllte, die der Verkäufer zugesichert hatte. Der Verkäufer war bereit, die Maschine zu verbessern und ließ sie durch einen Spediteur wieder abholen. Wegen unzureichender Sicherung kippte sie während des LKW-Transports auf dem Weg zum Verkäufer um und wurde stark beschädigt. Der Verkäufer lehnte daraufhin jegliche Verbesserungsversuche ab. Hatte der Käufer gegen seine (Erhaltungs-) Pflichten verstoßen?

Nein (OLG Karlsruhe v. 19.12.2002 (19 U 8/02) - IHR 2003, 125; CISG-online Nr. 817). Nachdem der Käufer die Ware empfangen hat, muss er zwar die für den Erhalt der Ware nach dem Umständen angemessenen Maßnahmen treffen, wenn er beabsichtigt, ein Zurückweisungsrecht auszuüben (Art. 86 Abs. 1 CISG). Zurückweisungsrechte stehen dem Käufer etwa zu, wenn er Vertragsaufhebung erklären oder Ersatzlieferung verlangen kann. Vorliegend war der Käufer jedoch entsprechend Art. 31 lit. c) CISG lediglich verpflichtet, dem Verkäufer die Maschine verladefertig bzw. verladetauglich wieder zur Verfügung zu stellen. Die Verladung selbst und der Transport waren Pflichten des Verkäufers, die er auch durch seinen Spediteur erfüllte. Der Käufer hatte demnach keine (Erhaltungs-) Pflicht verletzt. Da die Beschädigung der Ware nicht auf einem Handeln des Käufers beruhte, konnte dieser letztlich auch die Vertragsaufhebung erklären (vgl. Art. 82 Abs. 2 lit. a) CISG).

294. Was kann eine Vertragspartei machen, wenn sie Ware schuldet (bspw. der Verkäufer, der noch nicht geliefert hat oder der schon belieferte Käufer, der sie zurückweisen will), der andere aber die Inbesitznahme hinauszögert und eine etwaige Einlagerung auf die Dauer teuer wird oder (bei verderblicher Ware) sich die Ware dadurch verschlechtert?

Das UN-Kaufrecht sieht die Möglichkeit des Selbsthilfeverkaufs vor. Demnach *darf* eine Partei die Ware anderweitig verkaufen, wenn die andere Partei die Inbesitznahme oder die Zahlung des Preises „ungebührlich hinauszögert" (Art. 88 Abs. 1 CISG). Demgegenüber *muss* die Partei sich um einen Verkauf bemühen, wenn die Erhaltung der Ware unverhältnismäßige Kosten verursachen würde oder wenn die Ware einer „raschen Verschlechterung ausgesetzt" ist (Art. 88 Abs. 2 CISG).

Teil IV des UN-Kaufrechts

295. Welches ist der wesentliche Inhalt der Schlussklauseln des UN-Kaufrechts (Art. 89 bis 101 CISG)?

Die Schlussklauseln enthalten z. T. diplomatische Bestimmungen, die die Art und Weise der Annahme, das Inkrafttreten und die Kündigung eines Vertragsstaats regeln. Zudem wird das Verhältnis des UN-Kaufrechts zu anderen Übereinkommen und der zeitliche Anwendungsbereich festgelegt.

296. Wer kann Vertragsstaat des UN-Kaufrechts werden?

Das UN-Kaufrecht steht allen Staaten zum Beitritt offen (Art. 91 Abs. 3 CISG). Es muss kein Mitgliedstaat der UN sein. Voraussetzung ist allerdings, dass es sich um einen völkerrechtlich anerkannten Staat handelt.

297. Wenn ein Staat dem Übereinkommen beitritt, gilt dann zwingend das gesamte UN-Kaufrecht für ihn?

Nein, ein Vertragsstaat kann beim Beitritt den *Vorbehalt* erklären, dass Teil II (die Regeln über den Vertragsschluss) oder Teil III (die Regeln über die Rechte und Pflichten der Parteien) für ihn nicht verbindlich ist (Art. 92 CISG). Bspw. haben die skandinavischen Staaten (Schweden, Norwegen, Finnland und Dänemark) bei der Ratifikation bestimmt, dass Teil II für sie nicht verbindlich ist.

298. Der dänische Viehhändler kaufte vom deutschen Viehhändler 400 Schafe, die geschlachtet werden sollten. Die gelieferten Tiere waren mager und in einem beklagenswerten körperlichen Zustand. Der Käufer wollte daher nicht zahlen. Die Parteien stritten darüber, ob sich die Käuferpflichten aus dem UN-Kaufrecht ergaben. Der dänische Käufer reklamierte, für Dänemark gelte das Übereinkommen insoweit nicht. Hat er Recht?

Nein (OLG Schleswig-Holstein v. 22.8.2002 (11 U 40/01) - CISG-online Nr. 710 und LG Flensburg v. 19.1.2001 (4 O 369/99) - CISG-online Nr. 619), Als Grundlage für den Kaufpreiszahlungsanspruch des Verkäufers kam Art. 53 CISG in Betracht, wonach der Käufer verpflichtet ist, den Kaufpreis zu zahlen. In Dänemark ist das UN-Kaufrecht mit Wirkung zum 1.3.1990 in Kraft getreten. Bei der Ratifikation hat Dänemark aber vom Vorbehalt des Art. 92 Abs. 1 CISG Gebrauch gemacht und erklärt, dass Teil II des Abkommens für Dänemark nicht verbindlich ist. Für Fragen des Vertragsabschlusses konnte das UN-Kaufrecht daher tatsächlich nicht herangezogen werden; im Übrigen war das materielle Kaufrecht des Abkommens (Teil III) bspw. zu Fragen der Pflichten der Parteien und Rechtsfolgen bei Pflichtverletzungen aber anwendbar. Der Verkäufer konnte sich daher auf die Anspruchsgrundlage des Art. 53 CISG berufen.

299. Der deutsche Fischhändler stand mit dem dänischen Fischhändler im E-Mail-Kontakt. Der dänische Händler schrieb: „I can confirm frozen Salmon, package 125 gr., price 6,11 € per Kilo, maximum 120 tons, German law. Please send me the contract.". Der deutsche Fischhändler erteilte einen „ersten Auftrag" über 20 Tonnen und erbat für diesen eine „Orderbestätigung". Zu einer solchen Bestätigung kam es nicht. Die Parteien zerstritten sich. Der deutsche Händler kaufte den Fisch anderweitig und verlangte dann vom dänischen Händler Schadensersatz wegen Vertragsbruchs. War ein Vertrag zustande gekommen?

Nein (LG Bielefeld v. 12.12.2003 (15O50/03) - CISG-online Nr. 905). Es war zu entscheiden, ob ein Kaufvertrag zustande gekommen war. Grundsätzlich regeln die Art. 14 bis 24 CISG den Abschluss des Vertrages. Allerdings hat Dänemark einen Vorbehalt nach Art. 92 Abs. 1 CISG erklärt. Danach gelten die Vorschriften des UN-Kaufrechts über das Zustandekommen von Verträgen nicht. Durch die Rechtswahl („German law") waren die §§ 145 ff. BGB maßgebend. Der Vertrag war demnach noch nicht geschlossen worden, da sich aus der Bitte des Käufers nach einer Gegenbestätigung sein Wille ergab, noch nicht vertraglich gebunden zu sein. Der Käufer hatte nach § 145 BGB „seine Gebundenheit ausgeschlossen".

300. Seit wann ist das UN-Kaufrecht in Kraft?

Das UN-Kaufrecht ist völkerrechtlich am 1.1.1988 in Kraft getreten (Art. 99 Abs. 1 CISG). Für Deutschland gilt es seit dem 1.1.1991 (vgl. Art. 99 Abs. 2 und Abs. 6 CSIG).

Anhang: Text des Übereinkommens

Übereinkommen der Vereinten Nationen über Verträge über den internationalen Warenkauf

vom 11. April 1980 (BGBl. 1989 II S. 588)

Hinweis: Die deutsche Version des Übereinkommens ist gemäß der Unterzeichnungsklausel für die Anwendung des CISG nicht verbindlich. Die deutschsprachigen Staaten (Bundesrepublik, ehem. DDR, Österreich, Schweiz) haben auf einer Konferenz im Jahr 1982 eine gemeinsame Übersetzung erarbeitet, so dass in diesen Ländern ein bis auf geringfügige Abweichungen übereinstimmender Text gilt. Nachfolgender Text ist die amtliche Fassung für die Bundesrepublik Deutschland.

Präambel

Die Vertragsstaaten dieses Übereinkommens
im Hinblick auf die allgemeinen Ziele der Entschließungen, die von der Sechsten Außerordentlichen Tagung der Generalversammlung der Vereinten Nationen über die Errichtung einer neuen Weltwirtschaftsordnung angenommen worden sind,
in der Erwägung, dass die Entwicklung des internationalen Handels auf der Grundlage der Gleichberechtigung und des gegenseitigen Nutzens ein wichtiges Element zur Förderung freundschaftlicher Beziehungen zwischen den Staaten ist,
in der Meinung, dass die Annahme einheitlicher Bestimmungen, die auf Verträge über den internationalen Warenkauf Anwendung finden und die verschiedenen Gesellschafts-, Wirtschafts- und Rechtsordnungen berücksichtigen, dazu beitragen würde, die rechtlichen Hindernisse im internationalen Handel zu beseitigen und seine Entwicklung zu fördern
haben folgendes vereinbart:

TEIL I
Anwendungsbereich und allgemeine Bestimmungen

Kapitel I. Anwendungsbereich

Artikel 1 [Anwendungsbereich]
(1) Dieses Übereinkommen ist auf Kaufverträge über Waren zwischen Parteien anzuwenden, die ihre Niederlassung in verschiedenen Staaten haben,
    a) wenn diese Staaten Vertragsstaaten sind oder
    b) wenn die Regeln des internationalen Privatrechts zur Anwendung des Rechts eines Vertragsstaats führen.
(2) Die Tatsache, dass die Parteien ihre Niederlassung in verschiedenen Staaten haben, wird nicht berücksichtigt, wenn sie sich nicht aus dem Vertrag, aus früheren Geschäftsbeziehungen oder aus Verhandlungen oder Auskünften ergibt, die vor oder bei Vertragsabschluß zwischen den Parteien geführt oder von ihnen erteilt worden sind.
(3) Bei Anwendung dieses Übereinkommens wird weder berücksichtigt, welche Staatsangehörigkeit die Parteien haben, noch ob sie Kaufleute oder Nichtkaufleute sind oder ob der Vertrag handelsrechtlicher oder bürgerlich-rechtlicher Art ist.

Artikel 2 [Anwendungsausschlüsse]
Dieses Übereinkommen findet keine Anwendung auf den Kauf
a) von Ware für den persönlichen Gebrauch oder den Gebrauch in der Familie oder im Haushalt, es sei denn, dass der Verkäufer vor oder bei Vertragsabschluß weder wusste noch wissen musste, dass die Ware für einen solchen Gebrauch gekauft wurde,
b) bei Versteigerungen,
c) aufgrund von Zwangsvollstreckungs- oder anderen gerichtlichen Maßnahmen,
d) von Wertpapieren oder Zahlungsmitteln,
e) von Seeschiffen, Binnenschiffen, Luftkissenfahrzeugen oder Luftfahrzeugen,
f) von elektrischer Energie.

Artikel 3 [Verträge über herzustellende Waren oder Dienstleistungen]
(1) Den Kaufverträgen stehen Verträge über die Lieferung herzustellender oder zu erzeugender Ware gleich, es sei denn, dass der Besteller einen wesentlichen Teil der für die Herstellung oder Erzeugung notwendigen Stoffe selbst zur Verfugung zu stellen hat.
(2) Dieses Übereinkommen ist auf Verträge nicht anzuwenden, bei denen der überwiegende Teil der Pflichten der Partei, welche die Ware liefert, in der Ausführung von Arbeiten oder anderen Dienstleistungen besteht.

Artikel 4 [Sachlicher Geltungsbereich]
Dieses Übereinkommen regelt ausschließlich den Abschluss des Kaufvertrages und die aus ihm erwachsenden Rechte und Pflichten des Verkäufers und des Käufers. Soweit in diesem Übereinkommen nicht ausdrücklich etwas anderes bestimmt ist, betrifft es insbesondere nicht
a) die Gültigkeit des Vertrages oder einzelner Vertragsbestimmungen oder die Gültigkeit von Gebräuchen,
b) die Wirkungen, die der Vertrag auf das Eigentum an der verkauften Ware haben kann.

Artikel 5 [Ausschluss der Haftung für Tod oder Körperverletzung]
Dieses Übereinkommen findet keine Anwendung auf die Haftung des Verkäufers für den durch die Ware verursachten Tod oder die Körperverletzung einer Person.

Artikel 6 [Ausschluss, Abweichung oder Änderung durch Parteiabrede]
Die Parteien können die Anwendung dieses Übereinkommens ausschließen oder, vorbehaltlich des Artikels 12, von seinen Bestimmungen abweichen oder deren Wirkung ändern.

Kapitel II. Allgemeine Bestimmungen

Artikel 7 [Auslegung des Übereinkommens und Lückenfüllung]
(1) Bei der Auslegung dieses Übereinkommens sind sein internationaler Charakter und die Notwendigkeit zu berücksichtigen, seine einheitliche Anwendung und die Wahrung des guten Glaubens im internationalen Handel zu fordern.
(2) Fragen, die in diesem Übereinkommen geregelte Gegenstände betreffen, aber in diesem Übereinkommen nicht ausdrücklich entschieden werden, sind nach den allgemeinen Grundsätzen, die diesem Übereinkommen zugrunde liegen, oder mangels solcher Grundsätze nach dem

Recht zu entscheiden, das nach den Regeln des internationalen Privatrechts anzuwenden ist.

Artikel 8 [Auslegung von Erklärungen und Verhalten]
(1) Für die Zwecke dieses Übereinkommens sind Erklärungen und das sonstige Verhalten einer Partei nach deren Willen auszulegen, wenn die andere Partei diesen Willen kannte oder darüber nicht in Unkenntnis sein konnte.
(2) Ist Absatz 1 nicht anwendbar, so sind Erklärungen und das sonstige Verhalten einer Partei so auszulegen, wie eine vernünftige Person der gleichen Art wie die andere Partei sie unter den gleichen Umständen aufgefasst hätte.
(3) Um den Willen einer Partei oder die Auffassung festzustellen, die eine vernünftige Person gehabt hätte, sind alle erheblichen Umstände zu berücksichtigen, insbesondere die Verhandlungen zwischen den Parteien, die zwischen ihnen entstandenen Gepflogenheiten, die Gebräche und das spätere Verhalten der Parteien.

Artikel 9 [Handelsbräuche und Gepflogenheiten]
(1) Die Parteien sind an die Gebräuche, mit denen sie sich einverstanden erklärt haben, und an die Gepflogenheiten gebunden, die zwischen ihnen entstanden sind.
(2) Haben die Parteien nichts anderes vereinbart, so wird angenommen, dass sie sich in ihrem Vertrag oder bei seinem Abschluss stillschweigend auf Gebräuche bezogen haben, die sie kannten oder kennen mussten und die im internationalen Handel den Parteien von Verträgen dieser Art in dem betreffenden Geschäftszweig weithin bekannt sind und von ihnen regelmäßig beachtet werden.

Artikel 10 [Niederlassung]
Für die Zwecke dieses Übereinkommens ist,
a) falls eine Partei mehr als eine Niederlassung hat, die Niederlassung maßgebend, die unter Berücksichtigung der vor oder bei Vertragsabschluß den Parteien bekannten oder von ihnen in Betracht gezogenen Umstände die engste Beziehung zu dem Vertrag und zu seiner Erfüllung hat;
b) falls eine Partei keine Niederlassung hat, ihr gewöhnlicher Aufenthalt maßgebend.

Artikel 11 [Formfreiheit]
Der Kaufvertrag braucht nicht schriftlich geschlossen oder nachgewiesen zu werden und unterliegt auch sonst keinen Formvorschriften. Er kann auf jede Weise bewiesen werden, auch durch Zeugen.

Artikel 12 [Wirkungen eines Vorbehaltes hinsichtlich der Formfreiheit]
Die Bestimmungen der Artikel 11 und 29 oder des Teils 11 dieses Übereinkommens, die für den Abschluss eines Kaufvertrages, seine Änderung oder Aufhebung durch Vereinbarung oder für ein Angebot, eine Annahme oder eine sonstige Willenserklärung eine andere als die schriftliche Form gestatten, gelten nicht, wenn eine Partei ihre Niederlassung in einem Vertragsstaat hat, der eine Erklärung nach Artikel 96 abgegeben hat. Die Parteien dürfen von dem vorliegenden Artikel weder abweichen noch seine Wirkung ändern.

Artikel 13 [Schriftlichkeit]
Für die Zwecke dieses Übereinkommens umfasst der Ausdruck "schriftlich" auch Mitteilungen durch Telegramm oder Fernschreiben.

Teil II
Abschluss des Vertrages

Artikel 14 [Begriff des Angebots]
(1) Der an eine oder mehrere bestimmte Personen gerichtete Vorschlag zum Abschluss eines Vertrages stellt ein Angebot dar, wenn er bestimmt genug ist und den Willen des Anbietenden zum Ausdruck bringt, im Falle der Annahme gebunden zu sein. Ein Vorschlag ist bestimmt genug, wenn er die Ware bezeichnet und ausdrücklich oder stillschweigend die Menge und den Preis festsetzt oder deren Festsetzung ermöglicht.
(2) Ein Vorschlag, der nicht an eine oder mehrere bestimmte Personen gerichtet ist, gilt nur als Aufforderung, ein Angebot abzugeben, wenn nicht die Person, die den Vorschlag macht, das Gegenteil deutlich zum Ausdruck bringt.

Artikel 15 [Wirksamwerden des Angebots, Rücknahme]
(1) Ein Angebot wird wirksam, sobald es dem Empfänger zugeht.
(2) Ein Angebot kann, selbst wenn es unwiderruflich ist, zurückgenommen werden, wenn die Rücknahmeerklärung dem Empfänger vor oder gleichzeitig mit dem Angebot zugeht.

Artikel 16 [Widerruf des Angebots]
(1) Bis zum Abschluss des Vertrages kann ein Angebot widerrufen werden, wenn der Widerruf dem Empfänger zugeht, bevor dieser eine Annahmeerklärung abgesandt hat.
(2) Ein Angebot kann jedoch nicht widerrufen werden,
    a) wenn es durch Bestimmung einer festen Frist zur Annahme oder auf andere Weise zum Ausdruck bringt, dass es unwiderruflich ist, oder

b) wenn der Empfänger vernünftigerweise darauf vertrauen konnte, dass das Angebot unwiderruflich ist, und er im Vertrauen auf das Angebot gehandelt hat.

Artikel 17 [Erlöschen des Angebots]
Ein Angebot erlischt, selbst wenn es unwiderruflich ist, sobald dem Anbietenden eine Ablehnung zugeht.

Artikel 18 [Begriff der Annahme]
(1) Eine Erklärung oder ein sonstiges Verhalten des Empfängers, das eine Zustimmung zum Angebot ausdrückt, stellt eine Annahme dar. Schweigen oder Untätigkeit allein stellen keine Annahme dar.
(2) Die Annahme eines Angebots wird wirksam, sobald die Äußerung der Zustimmung dem Anbietenden zugeht. Sie wird nicht wirksam, wenn die Äußerung der Zustimmung dem Anbietenden nicht innerhalb der von ihm gesetzten Frist oder, bei Fehlen einer solchen Frist, innerhalb einer angemessenen Frist zugeht; dabei sind die Umstände des Geschäfts einschließlich der Schnelligkeit der vom Anbietenden gewählten Übermittlungsart zu berücksichtigen. Ein mündliches Angebot muss sofort angenommen werden, wenn sich aus den Umständen nichts anderes ergibt.
(3) Äußert jedoch der Empfänger aufgrund des Angebots, der zwischen den Parteien entstandenen Gepflogenheiten oder der Gebräuche seine Zustimmung dadurch, dass er eine Handlung vornimmt, die sich zum Beispiel auf die Absendung der Ware oder die Zahlung des Preises bezieht, ohne den Anbietenden davon zu unterrichten, so ist die Annahme zum Zeitpunkt der Handlung wirksam, sofern diese innerhalb der in Absatz 2 vorgeschriebenen Frist vorgenommen wird.

Artikel 19 [Ergänzungen, Einschränkungen und sonstige Änderungen zum Angebot]
(1) Eine Antwort auf ein Angebot, die eine Annahme darstellen soll, aber Ergänzungen, Einschränkungen oder sonstige Änderungen enthält, ist eine Ablehnung des Angebots und stellt ein Gegenangebot dar.
(2) Eine Antwort auf ein Angebot, die eine Annahme darstellen soll, aber Ergänzungen oder Abweichungen enthält, welche die Bedingungen des Angebots nicht wesentlich ändern, stellt jedoch eine Annahme dar, wenn der Anbietende das Fehlen der Übereinstimmung nicht unverzüglich mündlich beanstandet oder eine entsprechende Mitteilung absendet. Unterlässt er dies, so bilden die Bedingungen des Angebots mit den in der Annahme enthaltenen Änderungen den Vertragsinhalt.
(3) Ergänzungen oder Abweichungen, die sich insbesondere auf Preis, Bezahlung, Qualität und Menge der Ware, auf Ort und Zeit der Lieferung, auf den Umfang der Haftung der einen Partei gegenüber der an-

deren oder auf die Beilegung von Streitigkeiten beziehen, werden so angesehen, als änderten sie die Bedingungen des Angebots wesentlich.

Artikel 20 [Annahmefrist]
(1) Eine vom Anbietenden in einem Telegramm oder einem Brief gesetzte Frist beginnt mit Aufgabe des Telegramms oder mit dem im Brief angegebenen Datum oder, wenn kein Datum angegeben ist, mit dem auf dem Umschlag angegebenen Datum zu laufen. Eine vom Anbietenden telefonisch, durch Fernschreiben oder eine andere sofortige Übermittlungsart gesetzte Annahmefrist beginnt zu laufen, sobald das Angebot dem Empfänger zugeht.
(2) Gesetzliche Feiertage oder arbeitsfreie Tage, die in die Laufzeit der Annahmefrist fallen, werden bei der Fristberechnung mitgezählt. Kann jedoch die Mitteilung der Annahme am letzten Tag der Frist nicht an die Anschrift des Anbietenden zugestellt werden, weil dieser Tag am Ort der Niederlassung des Anbietenden auf einen gesetzlichen Feiertag oder arbeitsfreien Tag fällt, so verlängert sich die Frist bis zum ersten darauf folgenden Arbeitstag.

Artikel 21 [Verspätete Annahme]
(1) Eine verspätete Annahme ist dennoch als Annahme wirksam, wenn der Anbietende unverzüglich den Annehmenden in diesem Sinne mündlich unterrichtet oder eine entsprechende schriftliche Mitteilung absendet.
(2) Ergibt sich aus dem eine verspätete Annahme enthaltenden Brief oder anderen Schriftstück, dass die Mitteilung nach den Umständen, unter denen sie abgesandt worden ist, bei normaler Beförderung dem Anbietenden rechtzeitig zugegangen wäre, so ist die verspätete Annahme als Annahme wirksam, wenn der Anbietende nicht unverzüglich den Annehmenden mündlich davon unterrichtet, dass er sein Angebot als erloschen betrachtet, oder eine entsprechende schriftliche Mitteilung absendet.

Artikel 22 [Rücknahme der Annahme]
Eine Annahme kann zurückgenommen werden, wenn die Rücknahmeerklärung dem Anbietenden vor oder in dem Zeitpunkt zugeht, in dem die Annahme wirksam geworden wäre.

Artikel 23 [Zeitpunkt des Vertragsschlusses]
Ein Vertrag ist in dem Zeitpunkt geschlossen, in dem die Annahme eines Angebots nach diesem Übereinkommen wirksam wird.

Artikel 24 [Begriff des Zugangs]
Für die Zwecke dieses Teils des Übereinkommens "geht" ein Angebot, eine Annahmeerklärung oder sonstige Willenserklärung dem Empfänger "zu", wenn sie ihm mündlich gemacht wird oder wenn sie auf anderem Weg ihm persönlich, an seiner Niederlassung oder Postanschrift oder, wenn diese fehlen, an seinem gewöhnlichen Aufenthaltsort zugestellt wird.

Teil III Warenkauf

Kapitel I. Allgemeine Bestimmungen

Artikel 25 [Wesentliche Vertragsverletzung]
Eine von einer Partei begangene Vertragsverletzung ist wesentlich, wenn sie für die andere Partei solchen Nachteil zur Folge hat, dass ihr im wesentlichen entgeht, was sie nach dem Vertrag hätte erwarten dürfen, es sei denn, dass die vertragsbrüchige Partei diese Folge nicht vorausgesehen hat und eine vernünftige Person der gleichen Art diese Folge unter den gleichen Umständen auch nicht vorausgesehen hätte.

Artikel 26 [Aufhebungserklärung]
Eine Erklärung, dass der Vertrag aufgehoben wird, ist nur wirksam, wenn sie der anderen Partei mitgeteilt wird.

Artikel 27 [Absendetheorie]
Soweit in diesem Teil des Übereinkommens nicht ausdrücklich etwas anderes bestimmt wird, nimmt bei einer Anzeige, Aufforderung oder sonstigen Mitteilung, die eine Partei gemäß diesem Teil mit den nach den Umständen geeigneten Mitteln macht, eine Verzögerung oder ein Irrtum bei der Übermittlung der Mitteilung oder deren Nichteintreffen dieser Partei nicht das Recht, sich auf die Mitteilung zu berufen.

Artikel 28 [Erfüllungsanspruch]
Ist eine Partei nach diesem Übereinkommen berechtigt, von der anderen Partei die Erfüllung einer Verpflichtung zu verlangen, so braucht ein Gericht eine Entscheidung auf Erfüllung in Natur nur zu fällen, wenn es dies auch nach seinem eigenen Recht bei gleichartigen Kaufverträgen täte, die nicht unter dieses Übereinkommen fallen.

Artikel 29 [Vertragsänderung oder -aufhebung]
(1) Ein Vertrag kann durch bloße Vereinbarung der Parteien geändert oder aufgehoben werden.

(2) Enthält ein schriftlicher Vertrag eine Bestimmung, wonach jede Änderung oder Aufhebung durch Vereinbarung schriftlich zu erfolgen hat, so darf er nicht auf andere Weise geändert oder aufgehoben werden. Eine Partei kann jedoch aufgrund ihres Verhaltens davon ausgeschlossen sein, sich auf eine solche Bestimmung zu berufen, soweit die andere Partei sich auf dieses Verhalten verlassen hat.

Kapitel II. Pflichten des Verkäufers

Artikel 30 [Pflichten des Verkäufers]
Der Verkäufer ist nach Maßgabe des Vertrages und dieses Übereinkommens verpflichtet, die Ware zu liefern, die sie betreffenden Dokumente zu übergeben und das Eigentum an der Ware zu übertragen.

Abschnitt I. Lieferung der Ware und Übergabe der Dokumente

Artikel 31 [Inhalt der Lieferpflicht und Ort der Lieferung]
Hat der Verkäufer die Ware nicht an einem anderen bestimmten Ort zu liefern, so besteht seine Lieferpflicht in folgendem:
a) Erfordert der Kaufvertrag eine Beförderung der Ware, so hat sie der Verkäufer dem ersten Beförderer zur Übermittlung an den Käufer zu übergeben;
b) bezieht sich der Vertrag in Fällen, die nicht unter Buchstabe a fallen, auf bestimmte Ware oder auf gattungsmäßig bezeichnete Ware, die aus einem bestimmten Bestand zu entnehmen ist, oder auf herzustellende oder zu erzeugende Ware und wussten die Parteien bei Vertragsabschluß, dass die Ware sich an einem bestimmten Ort befand oder dort herzustellen oder zu erzeugen war, so hat der Verkäufer die Ware dem Käufer an diesem Ort zur Verfügung zu stellen;
c) in den anderen Fällen hat der Verkäufer die Ware dem Käufer an dem Ort zur Verfügung zu stellen. an dem der Verkäufer bei Vertragsabschluß seine Niederlassung hatte.

Artikel 32 [Verpflichtungen hinsichtlich der Beförderung der Ware]
(1) Übergibt der Verkäufer nach dem Vertrag oder diesem Übereinkommen die Ware einem Beförderer und ist die Ware nicht deutlich durch daran angebrachte Kennzeichen oder durch Beförderungsdokumente oder auf andere Weise dem Vertrag zugeordnet, so hat der Verkäufer dem Käufer die Versendung anzuzeigen und dabei die Ware im einzelnen zu bezeichnen.
(2) Hat der Verkäufer für die Beförderung der Ware zu sorgen, so hat er die Verträge zu schließen, die zur Beförderung an den festgesetzten Ort mit den nach den Umständen angemessenen Beförderungsmitteln

und zu den für solche Beförderungen üblichen Bedingungen erforderlich sind.
(3) Ist der Verkäufer nicht zum Abschluss einer Transportversicherung verpflichtet, so hat er dem Käufer auf dessen Verlangen alle ihm verfügbaren, zum Abschluss einer solchen Versicherung erforderlichen Auskünfte zu erteilen.

Artikel 33 [Zeit der Lieferung]
Der Verkäufer hat die Ware zu liefern,
a) wenn ein Zeitpunkt im Vertrag bestimmt ist oder aufgrund des Vertrages bestimmt werden kann, zu diesem Zeitpunkt,
b) wenn ein Zeitraum im Vertrag bestimmt ist oder aufgrund des Vertrages bestimmt werden kann, jederzeit innerhalb dieses Zeitraums, sofern sich nicht aus den Umständen ergibt, dass der Käufer den Zeitpunkt zu wählen hat, oder
c) in allen anderen Fällen innerhalb einer angemessenen Frist nach Vertragsabschluß.

Artikel 34 [Übergabe von Dokumenten]
Hat der Verkäufer Dokumente zu übergeben, die sich auf die Ware beziehen, so hat er sie zu dem Zeitpunkt, an dem Ort und in der Form zu übergeben, die im Vertrag vorgesehen sind. Hat der Verkäufer die Dokumente bereits vorher übergeben, so kann er bis zu dem für die Übergabe vorgesehenen Zeitpunkt jede Vertragswidrigkeit der Dokumente beheben, wenn die Ausübung dieses Rechts dem Käufer nicht unzumutbare Unannehmlichkeiten oder unverhältnismäßige Kosten verursacht. Der Käufer behält jedoch das Recht, Schadenersatz nach diesem Übereinkommen zu verlangen.

Abschnitt II. Vertragsmäßigkeit der Ware sowie Rechte oder Ansprüche Dritter

Artikel 35 [Vertragsmäßigkeit der Ware]
(1) Der Verkäufer hat Ware zu liefern, die in Menge, Qualität und Art sowie hinsichtlich Verpackung oder Behältnis den Anforderungen des Vertrages entspricht.
(2) Haben die Parteien nichts anderes vereinbart, so entspricht die Ware dem Vertrag nur,
    a) wenn sie sich für die Zwecke eignet, für die Ware der gleichen Art gewöhnlich gebraucht wird;
    b) wenn sie sich für einen bestimmten Zweck eignet, der dem Verkäufer bei Vertragsabschluß ausdrücklich oder auf andere Weise zur Kenntnis gebracht wurde, sofern sich nicht aus den Umständen ergibt, dass der Käufer auf die Sachkenntnis und das Urteilsvermögen

des Verkäufers nicht vertraute oder vernünftigerweise nicht vertrauen konnte;
c) wenn sie die Eigenschaften einer Ware besitzt, die der Verkäufer dem Käufer als Probe oder Muster vorgelegt hat;
d) wenn sie in der für Ware dieser Art üblichen Weise oder, falls es eine solche Weise nicht gibt, in einer für die Erhaltung und den Schutz der Ware angemessenen Weise verpackt ist.

(3) Der Verkäufer haftet nach Absatz 2 Buchstaben a bis d nicht für eine Vertragswidrigkeit der Ware, wenn der Käufer bei Vertragsabschluß diese Vertragswidrigkeit kannte oder darüber nicht in Unkenntnis sein konnte.

Artikel 36 [Maßgeblicher Zeitpunkt für die Vertragsmäßigkeit]
(1) Der Verkäufer haftet nach dem Vertrag und diesem Übereinkommen für eine Vertragswidrigkeit, die im Zeitpunkt des Übergangs der Gefahr auf den Käufer besteht, auch wenn die Vertragswidrigkeit erst nach diesem Zeitpunkt offenbar wird.
(2) Der Verkäufer haftet auch für eine Vertragswidrigkeit, die nach dem in Absatz I angegebenen Zeitpunkt eintritt und auf die Verletzung einer seiner Pflichten zurückzuführen ist, einschließlich der Verletzung einer Garantie dafür, dass die Ware für eine bestimmte Zeit für den üblichen Zweck oder für einen bestimmten Zweck geeignet bleiben oder besondere Eigenschaften oder Merkmale behalten wird.

Artikel 37 [Nacherfüllung bei vorzeitiger Lieferung]
Bei vorzeitiger Lieferung der Ware behält der Verkäufer bis zu dem für die Lieferung festgesetzten Zeitpunkt das Recht, fehlende Teile nachzuliefern, eine fehlende Menge auszugleichen, für nicht vertragsgemäße Ware Ersatz zu liefern oder die Vertragswidrigkeit der gelieferten Ware zu beheben, wenn die Ausübung dieses Rechts dem Käufer nicht unzumutbare Unannehmlichkeiten oder unverhältnismäßige Kosten verursacht. Der Käufer behält jedoch das Recht, Schadenersatz nach diesem Übereinkommen zu verlangen.

Artikel 38 [Untersuchung der Ware]
(1) Der Käufer hat die Ware innerhalb einer so kurzen Frist zu untersuchen oder untersuchen zu lassen, wie es die Umstände erlauben.
(2) Erfordert der Vertrag eine Beförderung der Ware, so kann die Untersuchung bis nach dem Eintreffen der Ware am Bestimmungsort aufgeschoben werden.
(3) Wird die Ware vom Käufer umgeleitet oder von ihm weiterversandt, ohne dass er ausreichend Gelegenheit hatte, sie zu untersuchen, und kannte der Verkäufer bei Vertragsabschluß die Möglichkeit einer solchen Umleitung oder Weiterversendung oder musste er sie kennen, so

kann die Untersuchung bis nach dem Eintreffen der Ware an ihrem neuen Bestimmungsort aufgeschoben werden.

Artikel 39 [Mängelrüge]
(1) Der Käufer verliert das Recht, sich auf eine Vertragswidrigkeit der Ware zu berufen, wenn er sie dem Verkäufer nicht innerhalb einer angemessenen Frist nach dem Zeitpunkt, in dem er sie festgestellt hat oder hätte feststellen müssen, anzeigt und dabei die Art der Vertragswidrigkeit genau bezeichnet.

(2) Der Käufer verliert in jedem Fall das Recht, sich auf die Vertragswidrigkeit der Ware zu berufen, wenn er sie nicht spätestens innerhalb von zwei Jahren, nachdem ihm die Ware tatsächlich übergeben worden ist, dem Verkäufer anzeigt, es sei denn, dass diese Frist mit einer vertraglichen Garantiefrist unvereinbar ist.

Artikel 40 [Bösgläubigkeit des Verkäufers]
Der Verkäufer kann sich auf die Artikel 38 und 39 nicht berufen, wenn die Vertragswidrigkeit auf Tatsachen beruht, die er kannte oder über die er nicht in Unkenntnis sein konnte und die er dem Käufer nicht offenbart hat.

Artikel 41 [Rechtsmängel]
Der Verkäufer hat Ware zu liefern, die frei von Rechten oder Ansprüchen Dritter ist, es sei denn, dass der Käufer eingewilligt hat, die mit einem solchen Recht oder Anspruch behaftete Ware zu nehmen. Beruhen jedoch solche Rechte oder Ansprüche auf gewerblichem oder anderem geistigen Eigentum, so regelt Artikel 42 die Verpflichtung des Verkäufers.

Artikel 42 [Belastung mit Schutzrechten Dritter]
(1) Der Verkäufer hat Ware zu liefern, die frei von Rechten oder Ansprüchen Dritter ist die auf gewerblichem oder anderem geistigen Eigentum beruhen und die der Verkäufer bei Vertragsabschluß kannte oder über die er nicht in Unkenntnis sein konnte, vorausgesetzt, das Recht oder der Anspruch beruht auf gewerblichem oder anderem geistigen Eigentum
    a) nach dem Recht des Staates, in dem die Ware weiterverkauft oder in dem sie in anderer Weise verwendet wird, wenn die Parteien bei Vertragsabschluß in Betracht gezogen haben, dass die Ware dort weiterverkauft oder verwendet werden wird, oder
    b) in jedem anderen Falle nach dem Recht des Staates, in dem der Käufer seine Niederlassung hat.

(2) Die Verpflichtung des Verkäufers nach Absatz 1 erstreckt sich nicht auf Fälle,

a) in denen der Käufer im Zeitpunkt des Vertragsabschlusses das Recht oder den Anspruch kannte oder darüber nicht in Unkenntnis sein konnte, oder

b) in denen das Recht oder der Anspruch sich daraus ergibt, dass der Verkäufer sich nach technischen Zeichnungen, Entwürfen, Formeln oder sonstigen Angaben gerichtet hat, die der Käufer zur Verfügung gestellt hat.

Artikel 43 [Rügepflicht]
(1) Der Käufer kann sich auf Artikel 41 oder 42 nicht berufen, wenn er dem Verkäufer das Recht oder den Anspruch des Dritten nicht innerhalb einer angemessenen Frist nach dem Zeitpunkt, in dem er davon Kenntnis erlangt hat oder hätte erlangen müssen, anzeigt und dabei genau bezeichnet, welcher Art das Recht oder der Anspruch des Dritten ist.
(2) Der Verkäufer kann sich nicht auf Absatz 1 berufen, wenn er das Recht oder den Anspruch des Dritten und seine Art kannte.

Artikel 44 [Entschuldigung für unterlassene Anzeige]
Ungeachtet des Artikels 39 Absatz 1 und des Artikels 43 Absatz l kann der Käufer den Preis nach Artikel 50 herabsetzen oder Schadenersatz, außer für entgangenen Gewinn, verlangen, wenn er eine vernünftige Entschuldigung dafür hat, dass er die erforderliche Anzeige unterlassen hat.

Abschnitt III. Rechtsbehelfe des Käufers wegen Vertragsverletzung durch den Verkäufer

Artikel 45 [Rechtsbehelfe des Käufers; keine zusätzliche Frist]
(1) Erfüllt der Verkäufer eine seiner Pflichten nach dem Vertrag oder diesem Übereinkommen nicht, so kann der Käufer
a) die in Artikel 46 bis 52 vorgesehenen Rechte ausüben;
b) Schadenersatz nach Artikel 74 bis 77 verlangen.
(2) Der Käufer verliert das Recht, Schadenersatz zu verlangen, nicht dadurch, dass er andere Rechtsbehelfe ausübt.
(3) Übt der Käufer einen Rechtsbehelf wegen Vertragsverletzung aus, so darf ein Gericht oder Schiedsgericht dem Verkäufer keine zusätzliche Frist gewähren.

Artikel 46 [Recht des Käufers auf Erfüllung oder Nacherfüllung]
(1) Der Käufer kann vom Verkäufer Erfüllung seiner Pflichten verlangen, es sei denn, dass der Käufer einen Rechtsbehelf ausgeübt hat, der mit diesem Verlangen unvereinbar ist.
(2) Ist die Ware nicht vertragsgemäß, so kann der Käufer Ersatzlieferung nur verlangen, wenn die Vertragswidrigkeit eine wesentliche Ver-

tragsverletzung darstellt und die Ersatzlieferung entweder zusammen mit einer Anzeige nach Artikel 39 oder innerhalb einer angemessenen Frist danach verlangt wird.

(3) Ist die Ware nicht vertragsgemäß, so kann der Käufer den Verkäufer auffordern, die Vertragswidrigkeit durch Nachbesserung zu beheben, es sei denn, dass dies unter Berücksichtigung aller Umstände unzumutbar ist. Nachbesserung muss entweder zusammen mit einer Anzeige nach Artikel 39 oder innerhalb einer angemessenen Frist danach verlangt werden.

Artikel 47 [Nachfrist]
(1) Der Käufer kann dem Verkäufer eine angemessene Nachfrist zur Erfüllung seiner Pflichten setzen.
(2) Der Käufer kann vor Ablauf dieser Frist keinen Rechtsbehelf wegen Vertragsverletzung ausüben, außer wenn er vom Verkäufer die Anzeige erhalten hat, dass dieser seine Pflichten nicht innerhalb der so gesetzten Frist erfüllen wird. Der Käufer behält jedoch das Recht, Schadenersatz wegen verspäteter Erfüllung zu verlangen.

Artikel 48 [Recht des Verkäufers zur Nacherfüllung]
(1) Vorbehaltlich des Artikels 49 kann der Verkäufer einen Mangel in der Erfüllung seiner Pflichten auch nach dem Liefertermin auf eigene Kosten beheben, wenn dies keine unzumutbare Verzögerung nach sich zieht und dem Käufer weder unzumutbare Unannehmlichkeiten noch Ungewissheit über die Erstattung seiner Auslagen durch den Verkäufer verursacht. Der Käufer behält jedoch das Recht, Schadenersatz nach diesem Übereinkommen zu verlangen.
(2) Fordert der Verkäufer den Käufer auf, ihm mitzuteilen, ob er die Erfüllung annehmen will, und entspricht der Käufer der Aufforderung nicht innerhalb einer angemessenen Frist, so kann der Verkäufer innerhalb der in seiner Aufforderung angegebenen Frist erfüllen. Der Käufer kann vor Ablauf dieser Frist keinen Rechtsbehelf ausüben, der mit der Erfüllung durch den Verkäufer unvereinbar ist.
(3) Zeigt der Verkäufer dem Käufer an, dass er innerhalb einer bestimmten Frist erfüllen wird, so wird vermutet, dass die Anzeige eine Aufforderung an den Käufer nach Absatz 2 enthält, seine Entscheidung mitzuteilen.
(4) Eine Aufforderung oder Anzeige des Verkäufers nach Absatz 2 oder 3 ist nur wirksam, wenn der Käufer sie erhalten hat.

Artikel 49 [Vertragsaufhebung]
(1) Der Käufer kann die Aufhebung des Vertrages erklären,

a) wenn die Nichterfüllung einer dem Verkäufer nach dem Vertrag oder diesem Übereinkommen obliegenden Pflicht eine wesentliche Vertragsverletzung darstellt oder

b) wenn im Falle der Nichtlieferung der Verkäufer die Ware nicht innerhalb der vom Käufer nach Artikel 47 Absatz 1 gesetzten Nachfrist liefert oder wenn er erklärt, dass er nicht innerhalb der so gesetzten Frist liefern wird.

(2) Hat der Verkäufer die Ware geliefert, so verliert jedoch der Käufer sein Recht, die Aufhebung des Vertrages zu erklären, wenn er

a) im Falle der verspäteten Lieferung die Aufhebung nicht innerhalb einer angemessenen Frist erklärt, nachdem er erfahren hat, dass die Lieferung erfolgt ist, oder

b) im Falle einer anderen Vertragsverletzung als verspäteter Lieferung die Aufhebung nicht innerhalb einer angemessenen Frist erklärt,

 i) nachdem er die Vertragsverletzung kannte oder kennen musste,

 ii) nachdem eine vom Käufer nach Artikel 47 Absatz 1 gesetzte Nachfrist abgelaufen ist oder nachdem der Verkäufer erklärt hat, dass er seine Pflichten nicht innerhalb der Nachfrist erfüllen wird, oder

 iii) nachdem eine vom Verkäufer nach Artikel 48 Absatz 2 gesetzte Frist abgelaufen ist oder nachdem der Käufer erklärt hat, dass er die Erfüllung nicht annehmen wird.

Artikel 50 [Minderung]

Ist die Ware nicht vertragsgemäß, so kann der Käufer unabhängig davon, ob der Kaufpreis bereits gezahlt worden ist oder nicht, den Preis in dem Verhältnis herabsetzen, in dem der Wert, den die tatsächlich gelieferte Ware im Zeitpunkt der Lieferung hatte, zu dem Wert steht, den vertragsgemäße Ware zu diesem Zeitpunkt gehabt hätte. Behebt jedoch der Verkäufer nach Artikel 37 oder 48 einen Mangel in der Erfüllung seiner Pflichten oder weigert sich der Käufer, Erfüllung durch den Verkäufer nach den genannten Artikeln anzunehmen, so kann der Käufer den Preis nicht herabsetzen.

Artikel 51 [Teilweise Nichterfüllung]

(1) Liefert der Verkäufer nur einen Teil der Ware oder ist nur ein Teil der gelieferten Ware vertragsgemäß, so gelten für den Teil, der fehlt oder der nicht vertragsgemäß ist, die Artikel 46 bis 50.

(2) Der Käufer kann nur dann die Aufhebung des gesamten Vertrages erklären, wenn die unvollständige oder nicht vertragsgemäße Lieferung eine wesentliche Vertragsverletzung darstellt.

Artikel 52 [Vorzeitige Lieferung und Zuviellieferung]
(1) Liefert der Verkäufer die Ware vor dem festgesetzten Zeitpunkt, so steht es dem Käufer frei, sie abzunehmen oder die Abnahme zu verweigern.
(2) Liefert der Verkäufer eine größere als die vereinbarte Menge, so kann der Käufer die zuviel gelieferte Menge abnehmen oder ihre Abnahme verweigern. Nimmt der Käufer die zuviel gelieferte Menge ganz oder teilweise ab, so hat er sie entsprechend dem vertraglichen Preis zu bezahlen.

Kapitel III. Pflichten des Käufers

Artikel 53 [Zahlung des Kaufpreises; Abnahme der Ware]
Der Käufer ist nach Maßgabe des Vertrages und dieses Übereinkommens verpflichtet, den Kaufpreis zu zahlen und die Ware abzunehmen.

Abschnitt I. Zahlung des Kaufpreises

Artikel 54 [Kaufpreiszahlung]
Zur Pflicht des Käufers, den Kaufpreis zu zahlen, gehört es auch, die Maßnahmen zu treffen und die Förmlichkeiten zu erfüllen, die der Vertrag oder Rechtsvorschriften erfordern, damit Zahlung geleistet werden kann.

Artikel 55 [Bestimmung des Preises]
Ist ein Vertrag gültig geschlossen worden, ohne dass er den Kaufpreis ausdrücklich oder stillschweigend festsetzt oder dessen Festsetzung ermöglicht, so wird mangels gegenteiliger Anhaltspunkte vermutet, dass die Parteien sich stillschweigend auf den Kaufpreis bezogen haben, der bei Vertragsabschluß allgemein für derartige Ware berechnet wurde, die in dem betreffenden Geschäftszweig unter vergleichbaren Umständen verkauft wurde.

Artikel 56 [Kaufpreis nach Gewicht]
Ist der Kaufpreis nach dem Gewicht der Ware festgesetzt, so bestimmt er sich im Zweifel nach dem Nettogewicht.

Artikel 57 [Zahlungsort]
(1) Ist der Käufer nicht verpflichtet, den Kaufpreis an einem anderen bestimmten Ort zu zahlen, so hat er ihn dem Verkäufer wie folgt zu zahlen:
    a) am Ort der Niederlassung des Verkäufers oder,
    b) wenn die Zahlung gegen Übergabe der Ware oder von Dokumenten zu leisten ist, an dem Ort, an dem die Übergabe stattfindet.

(2) Der Verkäufer hat alle mit der Zahlung zusammenhängenden Mehrkosten zu tragen, die durch einen Wechsel seiner Niederlassung nach Vertragsabschluß entstehen

Artikel 58 [Zahlungszeit; Zahlung als Bedingung der Übergabe; Untersuchung vor Zahlung]
(1) Ist der Käufer nicht verpflichtet, den Kaufpreis zu einer bestimmten Zeit zu zahlen, so hat er den Preis zu zahlen, sobald ihm der Verkäufer entweder die Ware oder die Dokumente, die zur Verfügung darüber berechtigen, nach dem Vertrag und diesem Übereinkommen zur Verfügung gestellt hat. Der Verkäufer kann die Übergabe der Ware oder der Dokumente von der Zahlung abhängig machen.
(2) Erfordert der Vertrag eine Beförderung der Ware, so kann der Verkäufer sie mit der Maßgabe versenden, dass die Ware oder die Dokumente, die zur Verfügung darüber berechtigen, dem Käufer nur gegen Zahlung des Kaufpreises zu übergeben sind.
(3) Der Käufer ist nicht verpflichtet, den Kaufpreis zu zahlen, bevor er Gelegenheit gehabt hat, die Ware zu untersuchen, es sei denn, die von den Parteien vereinbarten Lieferungs- oder Zahlungsmodalitäten bieten hierzu keine Gelegenheit.

Artikel 59 [Zahlung ohne Aufforderung]
Der Käufer hat den Kaufpreis zu dem Zeitpunkt, der in dem Vertrag festgesetzt oder nach dem Vertrag und diesem Übereinkommen bestimmbar ist, zu zahlen, ohne dass es einer Aufforderung oder der Einhaltung von Förmlichkeiten seitens des Verkäufers bedarf.

Abschnitt II. Abnahme

Artikel 60 [Begriff der Abnahme]
Die Pflicht des Käufers zur Abnahme besteht darin,
a) alle Handlungen vorzunehmen, die vernünftigerweise von ihm erwartet werden können, damit dem Verkäufer die Lieferung ermöglicht wird, und
b) die Ware zu übernehmen.

Abschnitt III. Rechtsbehelfe des Verkäufers wegen Vertragsverletzung durch den Käufer

Artikel 61 [Rechtsbehelfe des Verkäufers; keine zusätzliche Frist]
(1) Erfüllt der Käufer eine seiner Pflichten nach dem Vertrag oder diesem Übereinkommen nicht, so kann der Verkäufer
    a) die in Artikel 62 bis 65 vorgesehenen Rechte ausüben;
    b) Schadenersatz nach Artikel 74 bis 77 verlangen.

(2) Der Verkäufer verliert das Recht, Schadenersatz zu verlangen, nicht dadurch, dass er andere Rechtsbehelfe ausübt.

(3) Übt der Verkäufer einen Rechtsbehelf wegen Vertragsverletzung aus, so darf ein Gericht oder Schiedsgericht dem Käufer keine zusätzliche Frist gewähren.

Artikel 62 [Zahlung des Kaufpreises; Abnahme der Ware]
Der Verkäufer kann vom Käufer verlangen, dass er den Kaufpreis zahlt, die Ware abnimmt sowie seine sonstigen Pflichten erfüllt, es sei denn, dass der Verkäufer einen Rechtsbehelf ausgeübt hat, der mit diesem Verlangen unvereinbar ist.

Artikel 63 [Nachfrist]
(1) Der Verkäufer kann dem Käufer eine angemessene Nachfrist zur Erfüllung seiner Pflichten setzen.

(2) Der Verkäufer kann vor Ablauf dieser Frist keinen Rechtsbehelf wegen Vertragsverletzung ausüben, außer wenn er vom Käufer die Anzeige erhalten hat, dass dieser seine Pflichten nicht innerhalb der so gesetzten Frist erfüllen wird. Der Verkäufer verliert dadurch jedoch nicht das Recht, Schadenersatz wegen verspäteter Erfüllung zu verlangen.

Artikel 64 [Vertragsaufhebung]
(1) Der Verkäufer kann die Aufhebung des Vertrages erklären,
    a) wenn die Nichterfüllung einer dem Käufer nach dem Vertrag oder diesem Übereinkommen obliegenden Pflicht eine wesentliche Vertragsverletzung darstellt oder
    b) wenn der Käufer nicht innerhalb der vom Verkäufer nach Artikel 63 Absatz 1 gesetzten Nachfrist seine Pflicht zur Zahlung des Kaufpreises oder zur Abnahme der Ware erfüllt oder wenn er erklärt, dass er dies nicht innerhalb der so gesetzten Frist tun wird.

(2) Hat der Käufer den Kaufpreis gezahlt, so verliert jedoch der Verkäufer sein Recht, die Aufhebung des Vertrages zu erklären, wenn er
    a) im Falle verspäteter Erfüllung durch den Käufer die Aufhebung nicht erklärt, bevor er erfahren hat, dass erfüllt worden ist, oder
    b) im Falle einer anderen Vertragsverletzung als verspäteter Erfüllung durch den Käufer die Aufhebung nicht innerhalb einer angemessenen Zeit erklärt,
        i) nachdem der Verkäufer die Vertragsverletzung kannte oder kennen musste oder
        ii) nachdem eine vom Verkäufer nach Artikel 63 Absatz 1 gesetzte Nachfrist abgelaufen ist oder nachdem der Käufer erklärt hat, dass er seine Pflichten nicht innerhalb der Nachfrist erfüllen wird.

Artikel 65 [Spezifizierung durch den Verkäufer]
(1) Hat der Käufer nach dem Vertrag die Form, die Maße oder andere Merkmale der Ware näher zu bestimmen und nimmt er diese Spezifizierung nicht zu dem vereinbarten Zeitpunkt oder innerhalb einer angemessenen Frist nach Eingang einer Aufforderung durch den Verkäufer vor, so kann der Verkäufer unbeschadet aller ihm zustehenden sonstigen Rechte die Spezifizierung nach den Bedürfnissen des Käufers, soweit ihm diese bekannt sind, selbst vornehmen.
(2) Nimmt der Verkäufer die Spezifizierung selbst vor, so hat er dem Käufer deren Einzelheiten mitzuteilen und ihm eine angemessene Frist zu setzen, innerhalb deren der Käufer eine abweichende Spezifizierung vornehmen kann. Macht der Käufer nach Eingang einer solchen Mitteilung von dieser Möglichkeit innerhalb der so gesetzten Frist keinen Gebrauch, so ist die vom Verkäufer vorgenommene Spezifizierung verbindlich.

Kapitel IV. Übergang der Gefahr

Artikel 66 [Wirkung des Gefahrübergangs]
Untergang oder Beschädigung der Ware nach Übergang der Gefahr auf den Käufer befreit diesen nicht von der Pflicht, den Kaufpreis zu zahlen, es sei denn, dass der Untergang oder die Beschädigung auf eine Handlung oder Unterlassung des Verkäufers zurückzuführen ist.

Artikel 67 [Gefahrübergang bei Beförderung der Ware]
(1) Erfordert der Kaufvertrag eine Beförderung der Ware und ist der Verkäufer nicht verpflichtet, sie an einem bestimmten Ort zu übergeben, so geht die Gefahr auf den Käufer über, sobald die Ware gemäß dem Kaufvertrag dem ersten Beförderer zur Übermittlung an den Käufer übergeben wird. Hat der Verkäufer dem Beförderer die Ware an einem bestimmten Ort zu übergeben, so geht die Gefahr erst auf den Käufer über, wenn die Ware dem Beförderer an diesem Ort übergeben wird. Ist der Verkäufer befugt, die Dokumente, die zur Verfügung über die Ware berechtigen, zurückzubehalten, so hat dies keinen Einfluss auf den Übergang der Gefahr.
(2) Die Gefahr geht jedoch erst auf den Käufer über, wenn die Ware eindeutig dem Vertrag zugeordnet ist, sei es durch an der Ware angebrachte Kennzeichen, durch Beförderungsdokumente, durch eine Anzeige an den Käufer oder auf andere Weise.

Artikel 68 [Gefahrübergang bei Verkauf der Ware, die sich auf dem Transport befindet]
Wird Ware, die sich auf dem Transport befindet, verkauft, so geht die Gefahr im Zeitpunkt des Vertragsabschlusses auf den Käufer über. Die Gefahr

wird jedoch bereits im Zeitpunkt der Übergabe der Ware an den Beförderer, der die Dokumente über den Beförderungsvertrag ausgestellt hat, von dem Käufer übernommen, falls die Umstände diesen Schluss nahelegen. Wenn dagegen der Verkäufer bei Abschluss des Kaufvertrages wusste oder wissen musste, dass die Ware untergegangen oder beschädigt war, und er dies dem Käufer nicht offenbart hat, geht der Untergang oder die Beschädigung zu Lasten des Verkäufers.

Artikel 69 [Gefahrübergang in anderen Fällen]
(1) In den durch Artikel 67 und 68 nicht geregelten Fällen geht die Gefahr auf den Käufer über, sobald er die Ware übernimmt oder, wenn er sie nicht rechtzeitig übernimmt, in dem Zeitpunkt, in dem ihm die Ware zur Verfügung gestellt wird und er durch Nichtabnahme eine Vertragsverletzung begeht.
(2) Hat jedoch der Käufer die Ware an einem anderen Ort als einer Niederlassung des Verkäufers zu übernehmen, so geht die Gefahr über, sobald die Lieferung fällig ist und der Käufer Kenntnis davon hat, dass ihm die Ware an diesem Ort zur Verfügung steht.
(3) Betrifft der Vertrag Ware, die noch nicht individualisiert ist, so gilt sie erst dann als dem Käufer zur Verfügung gestellt, wenn sie eindeutig dem Vertrag zugeordnet worden

Artikel 70 [Wesentliche Vertragsverletzung und Gefahrübergang]
Hat der Verkäufer eine wesentliche Vertragsverletzung begangen, so berühren die Artikel 67, 68 und 69 nicht die dem Käufer wegen einer solchen Verletzung zustehenden Rechtsbehelfe.

Kapitel V. Gemeinsame Bestimmungen über die Pflichten des Verkäufers und des Käufers

Abschnitt I. Vorweggenommene Vertragsverletzung und Verträge über aufeinander folgende Lieferungen

Artikel 71 [Verschlechterungseinrede]
(1) Eine Partei kann die Erfüllung ihrer Pflichten aussetzen, wenn sich nach Vertragsabschluß herausstellt, dass die andere Partei einen wesentlichen Teil ihrer Pflichten nicht erfüllen wird
   a) wegen eines schwerwiegenden Mangels ihrer Fähigkeit, den Vertrag zu erfüllen, oder ihrer Kreditwürdigkeit oder
   b) wegen ihres Verhaltens bei der Vorbereitung der Erfüllung oder bei der Erfüllung des Vertrages.
(2) Hat der Verkäufer die Ware bereits abgesandt, bevor sich die in Absatz 1 bezeichneten Gründe herausstellen, so kann er sich der Übergabe der Ware an den Käufer widersetzen, selbst wenn der Käufer ein Doku-

ment hat, das ihn berechtigt, die Ware zu erlangen. Der vorliegende Absatz betrifft nur die Rechte auf die Ware im Verhältnis zwischen Käufer und Verkäufer.

(3) Setzt eine Partei vor oder nach der Absendung der Ware die Erfüllung aus, so hat sie dies der anderen Partei sofort anzuzeigen; sie hat die Erfüllung fortzusetzen, wenn die andere Partei für die Erfüllung ihrer Pflichten ausreichende Gewähr gibt.

Artikel 72 [Antizipierter Vertragsbruch]

(1) Ist schon vor dem für die Vertragserfüllung festgesetzten Zeitpunkt offensichtlich, dass eine Partei eine wesentliche Vertragsverletzung begehen wird, so kann die andere Partei die Aufhebung des Vertrages erklären.

(2) Wenn es die Zeit erlaubt und es nach den Umständen vernünftig ist, hat die Partei, welche die Aufhebung des Vertrages erklären will, dies der anderen Partei anzuzeigen, um ihr zu ermöglichen, für die Erfüllung ihrer Pflichten ausreichende Gewähr zu geben.

(3) Absatz 2 ist nicht anzuwenden, wenn die andere Partei erklärt hat, dass sie ihre Pflichten nicht erfüllen wird.

Artikel 73 [Sukzessivlieferungsvertrag; Aufhebung]

(1) Sieht ein Vertrag aufeinander folgende Lieferungen von Ware vor und begeht eine Partei durch Nichterfüllung einer eine Teillieferung betreffenden Pflicht eine wesentliche Vertragsverletzung in bezug auf diese Teillieferung, so kann die andere Partei die Aufhebung des Vertrages in bezug auf diese Teillieferung erklären.

(2) Gibt die Nichterfüllung einer eine Teillieferung betreffenden Pflicht durch eine der Parteien der anderen Partei triftigen Grund zu der Annahme, dass eine wesentliche Vertragsverletzung in bezug auf künftige Teillieferungen zu erwarten ist, so kann die andere Partei innerhalb angemessener Frist die Aufhebung des Vertrages für die Zukunft erklären.

(3) Ein Käufer, der den Vertrag in bezug auf eine Lieferung als aufgehoben erklärt, kann gleichzeitig die Aufhebung des Vertrages in bezug auf bereits erhaltene Lieferungen oder in bezug auf künftige Lieferungen erklären, wenn diese Lieferungen wegen des zwischen ihnen bestehenden Zusammenhangs nicht mehr für den Zweck verwendet werden können, den die Parteien im Zeitpunkt des Vertragsabschlusses in Betracht gezogen haben.

Abschnitt II. Schadenersatz

Artikel 74 [Umfang des Schadenersatzes]
Als Schadenersatz für die durch eine Partei begangene Vertragsverletzung ist der der anderen Partei infolge der Vertragsverletzung entstandene Verlust, einschließlich des entgangenen Gewinns, zu ersetzen. Dieser Schadenersatz darf jedoch den Verlust nicht übersteigen, den die vertragsbrüchige Partei bei Vertragsabschluß als mögliche Folge der Vertragsverletzung vorausgesehen hat oder unter Berücksichtigung der Umstände, die sie kannte oder kennen musste, hätte voraussehen müssen.

Artikel 75 [Schadensberechnung bei Vertragsaufhebung und Deckungsgeschäft]
Ist der Vertrag aufgehoben und hat der Käufer einen Deckungskauf oder der Verkäufer einen Deckungsverkauf in angemessener Weise und innerhalb eines angemessenen Zeitraums nach der Aufhebung vorgenommen, so kann die Partei, die Schadenersatz verlangt, den Unterschied zwischen dem im Vertrag vereinbarten Preis und dem Preis des Deckungskaufs oder des Deckungsverkaufs sowie jeden weiteren Schadenersatz nach Artikel 74 verlangen.

Artikel 76 [Schadensberechnung bei Vertragsaufhebung ohne Deckungsgeschäft]
(1) Ist der Vertrag aufgehoben und hat die Ware einen Marktpreis, so kann die Schadenersatz verlangende Partei, wenn sie keinen Deckungskauf oder Deckungsverkauf nach Artikel 75 vorgenommen hat, den Unterschied zwischen dem im Vertrag vereinbarten Preis und dem Marktpreis zur Zeit der Aufhebung sowie jeden weiteren Schadenersatz nach Artikel 74 verlangen. Hat jedoch die Partei, die Schadenersatz verlangt, den Vertrag aufgehoben, nachdem sie die Ware übernommen hat, so gilt der Marktpreis zur Zeit der Übernahme und nicht der Marktpreis zur Zeit der Aufhebung.
(2) Als Marktpreis im Sinne von Absatz 1 ist maßgebend der Marktpreis, der an dem Ort gilt, an dem die Lieferung der Ware hätte erfolgen sollen, oder, wenn dort ein Marktpreis nicht besteht, der an einem angemessenen Ersatzort geltende Marktpreis; dabei sind Unterschiede in den Kosten der Beförderung der Ware zu berücksichtigen.

Artikel 77 [Schadensminderungspflicht des Ersatzberechtigten]
Die Partei, die sich auf eine Vertragsverletzung beruft, hat alle den Umständen nach angemessenen Maßnahmen zur Verringerung des aus der Vertragsverletzung folgenden Verlusts, einschließlich des entgangenen Gewinns, zu treffen. Versäumt sie dies, so kann die vertragsbrüchige Partei

Herabsetzung des Schadenersatzes in Höhe des Betrags verlangen, um den der Verlust hätte verringert werden sollen.

Abschnitt III. Zinsen

Artikel 78 [Zinsen]
Versäumt eine Partei, den Kaufpreis oder einen anderen fälligen Betrag zu zahlen, so hat die andere Partei für diese Beträge Anspruch auf Zinsen, unbeschadet eines Schadenersatzanspruchs nach Artikel 74.

Abschnitt IV. Befreiungen

Artikel 79 [Hinderungsgrund außerhalb des Einflussbereichs des Schuldners]
(1) Eine Partei hat für die Nichterfüllung einer ihrer Pflichten nicht einzustehen, wenn sie beweist, dass die Nichterfüllung auf einem außerhalb ihres Einflussbereichs liegenden Hinderungsgrund beruht und dass von ihr vernünftigerweise nicht erwartet werden konnte, den Hinderungsgrund bei Vertragsabschluß in Betracht zu ziehen oder den Hinderungsgrund oder seine Folgen zu vermeiden oder zu überwinden.
(2) Beruht die Nichterfüllung einer Partei auf der Nichterfüllung durch einen Dritten, dessen sie sich zur völligen oder teilweisen Vertragserfüllung bedient, so ist diese Partei von der Haftung nur befreit,
a) wenn sie nach Absatz 1 befreit ist und
b) wenn der Dritte selbst ebenfalls nach Absatz 1 befreit wäre, sofern Absatz 1 auf ihn Anwendung fände.
(3) Die in diesem Artikel vorgesehene Befreiung gilt für die Zeit, während der der Hinderungsgrund besteht.
(4) Die Partei, die nicht erfüllt, hat den Hinderungsgrund und seine Auswirkung auf ihre Fähigkeit zu erfüllen der anderen Partei mitzuteilen. Erhält die andere Partei die Mitteilung nicht innerhalb einer angemessenen Frist, nachdem die nicht erfüllende Partei den Hinderungsgrund kannte oder kennen musste, so haftet diese für den aus dem Nichterhalt entstehenden Schaden.
(5) Dieser Artikel hindert die Parteien nicht, ein anderes als das Recht auszuüben, Schadenersatz nach diesem Übereinkommen zu verlangen.

Artikel 80 [Verursachung der Nichterfüllung durch die andere Partei]
Eine Partei kann sich auf die Nichterfüllung von Pflichten durch die andere Partei nicht berufen, soweit diese Nichterfüllung durch ihre Handlung oder Unterlassung verursacht wurde.

Abschnitt V. Wirkungen der Aufhebung

Artikel 81 [Erlöschen der Leistungspflichten; Rückgabe des Geleisteten]
(1) Die Aufhebung des Vertrages befreit beide Parteien von ihren Vertragspflichten, mit Ausnahme etwaiger Schadenersatzpflichten. Die Aufhebung berührt nicht Bestimmungen des Vertrages über die Beilegung von Streitigkeiten oder sonstige Bestimmungen des Vertrages, welche die Rechte und Pflichten der Parteien nach Vertragsaufhebung regeln.
(2) Hat eine Partei den Vertrag ganz oder teilweise erfüllt, so kann sie Rückgabe des von ihr Geleisteten von der anderen Partei verlangen. Sind beide Parteien zur Rückgabe verpflichtet, so sind die Leistungen Zug um Zug zurückzugeben.

Artikel 82 [Verlust der Rechte auf Vertragsaufhebung oder Ersatzlieferung wegen Unmöglichkeit der Rückgabe im ursprünglichen Zustand]
(1) Der Käufer verliert das Recht, die Aufhebung des Vertrages zu erklären oder vom Verkäufer Ersatzlieferung zu verlangen, wenn es ihm unmöglich ist, die Ware im wesentlichen in dem Zustand zurückzugeben, in dem er sie erhalten hat.
(2) Absatz 1 findet keine Anwendung,
    a) wenn die Unmöglichkeit, die Ware zurückzugeben oder sie im wesentlichen in dem Zustand zurückzugeben, in dem der Käufer sie erhalten hat, nicht auf einer Handlung oder Unterlassung des Käufers beruht,
    b) wenn die Ware ganz oder teilweise infolge der in Artikel 38 vorgesehenen Untersuchung untergegangen oder verschlechtert worden ist oder
    c) wenn der Käufer die Ware ganz oder teilweise im normalen Geschäftsverkehr verkauft oder der normalen Verwendung entsprechend verbraucht oder verändert hat, bevor er die Vertragswidrigkeit entdeckt hat oder hätte entdecken müssen.

Artikel 83 [Fortbestand anderer Rechte des Käufers]
Der Käufer, der nach Artikel 82 das Recht verloren hat, die Aufhebung des Vertrages zu erklären oder vom Verkäufer Ersatzlieferung zu verlangen, behält alle anderen Rechtsbehelfe, die ihm nach dem Vertrag und diesem Übereinkommen zustehen.

Artikel 84 [Ausgleich von Vorteilen im Falle der Rückabwicklung]
(1) Hat der Verkäufer den Kaufpreis zurückzuzahlen, so hat er außerdem vom Tag der Zahlung an auf den Betrag Zinsen zu zahlen.

(2) Der Käufer schuldet dem Verkäufer den Gegenwert aller Vorteile, die er aus der Ware oder einem Teil der Ware gezogen hat,
a) wenn er die Ware ganz oder teilweise zurückgeben muss oder
b) wenn es ihm unmöglich ist, die Ware ganz oder teilweise zurückzugeben oder sie ganz oder teilweise im wesentlichen in dem Zustand zurückzugeben, in dem er sie erhalten hat, er aber dennoch die Aufhebung des Vertrages erklärt oder vom Verkäufer Ersatzlieferung verlangt hat.

Abschnitt VI. Erhaltung der Ware

Artikel 85 [Pflicht des Verkäufers zur Erhaltung der Ware]
Nimmt der Käufer die Ware nicht rechtzeitig ab oder versäumt er, falls Zahlung des Kaufpreises und Lieferung der Ware Zug um Zug erfolgen sollen, den Kaufpreis zu zahlen, und hat der Verkäufer die Ware noch in Besitz oder ist er sonst in der Lage, über sie zu verfügen, so hat der Verkäufer die den Umständen angemessenen Maßnahmen zu ihrer Erhaltung zu treffen. Er ist berechtigt, die Ware zurückzubehalten, bis ihm der Käufer seine angemessenen Aufwendungen erstattet hat.

Artikel 86 [Pflicht des Käufers zur Inbesitznahme und Erhaltung der Ware]
(1) Hat der Käufer die Ware empfangen und beabsichtigt er, ein nach dem Vertrag oder diesem Übereinkommen bestehendes Zurückweisungsrecht auszuüben, so hat er die den Umständen angemessenen Maßnahmen zu ihrer Erhaltung zu treffen. Er ist berechtigt, die Ware zurückzubehalten, bis ihm der Verkäufer seine angemessenen Aufwendungen erstattet hat.
(2) Ist die dem Käufer zugesandte Ware ihm am Bestimmungsort zur Verfügung gestellt worden und übt er das Recht aus, sie zurückzuweisen, so hat er sie für Rechnung des Verkäufers in Besitz zu nehmen, sofern dies ohne Zahlung des Kaufpreises und ohne unzumutbare Unannehmlichkeiten oder unverhältnismäßige Kosten möglich ist. Dies gilt nicht, wenn der Verkäufer oder eine Person, die befugt ist, die Ware für Rechnung des Verkäufers in Obhut zu nehmen, am Bestimmungsort anwesend ist. Nimmt der Käufer die Ware nach diesem Absatz in Besitz, so werden seine Rechte und Pflichten durch Absatz 1 geregelt.

Artikel 87 [Einlagerung bei Dritten]
Eine Partei, die Maßnahmen zur Erhaltung der Ware zu treffen hat, kann die Ware auf Kosten der anderen Partei in den Lagerräumen eines Dritten einlagern, sofern daraus keine unverhältnismäßigen Kosten entstehen.

Artikel 88 [Selbsthilfeverkauf]
(1) Eine Partei, die nach Artikel 85 oder 86 zur Erhaltung der Ware verpflichtet ist, kann sie auf jede geeignete Weise verkaufen, wenn die andere Partei die Inbesitznahme oder die Rücknahme der Ware oder die Zahlung des Kaufpreises oder der Erhaltungskosten ungebührlich hinauszögert, vorausgesetzt, dass sie der anderen Partei ihre Verkaufsabsicht in vernünftiger Weise angezeigt hat.
(2) Ist die Ware einer raschen Verschlechterung ausgesetzt oder würde ihre Erhaltung unverhältnismäßige Kosten verursachen, so hat die Partei, der nach Artikel 85 oder 86 die Erhaltung der Ware obliegt, sich in angemessener Weise um ihren Verkauf zu bemühen. Soweit möglich hat sie der anderen Partei ihre Verkaufsabsicht anzuzeigen.
(3) Hat eine Partei die Ware verkauft, so kann sie aus dem Erlös des Verkaufs den Betrag behalten, der den angemessenen Kosten der Erhaltung und des Verkaufs der Ware entspricht. Den Überschuss schuldet sie der anderen Partei.

Teil IV. Schlussbestimmungen

Artikel 89 [Depositar]
Der Generalsekretär der Vereinten Nationen wird hiermit zum Verwahrer dieses Übereinkommens bestimmt.

Artikel 90 [Verhältnis zu anderen völkerrechtlichen Vereinbarungen]
Dieses Übereinkommen geht bereits geschlossenen oder in Zukunft zu schließenden völkerrechtlichen Übereinkünften, die Bestimmungen über in diesem Übereinkommen geregelte Gegenstände enthalten, nicht vor, sofern die Parteien ihre Niederlassung in Vertragsstaaten einer solchen Übereinkunft haben.

Artikel 91 [Unterzeichnung; Ratifikation; Annahme; Genehmigung; Beitritt]
(1) Dieses Übereinkommen liegt in der Schlusssitzung der Konferenz der Vereinten Nationen über Verträge über den internationalen Warenkauf zur Unterzeichnung auf und liegt dann bis 30. September 1981 am Sitz der Vereinten Nationen in New York für alle Staaten zur Unterzeichnung auf.
(2) Dieses Übereinkommen bedarf der Ratifikation, Annahme oder Genehmigung durch die Unterzeichnerstaaten.
(3) Dieses Übereinkommen steht allen Staaten, die nicht Unterzeichnerstaaten sind, von dem Tag an zum Beitritt offen, an dem es zur Unterzeichnung aufgelegt wird.
(4) Die Ratifikations-, Annahme-, Genehmigungs- und Beitrittsurkunden werden beim Generalsekretär der Vereinten Nationen hinterlegt.

Artikel 92 [Teilweise Ratifikation, Annahme, Genehmigung oder Beitritt]
(1) Ein Vertragsstaat kann bei der Unterzeichnung, der Ratifikation, der Annahme, der Genehmigung oder dem Beitritt erklären, dass Teil II dieses Übereinkommens für ihn nicht verbindlich ist oder dass Teil III dieses Übereinkommens für ihn nicht verbindlich ist.
(2) Ein Vertragsstaat, der eine Erklärung nach Absatz 1 zu Teil II oder Teil III dieses Übereinkommens abgegeben hat, ist hinsichtlich solcher Gegenstände, die durch den Teil geregelt werden, auf den sich die Erklärung bezieht, nicht als Vertragsstaat im Sinne des Artikels 1 Absatz 1 zu betrachten.

Artikel 93 [Föderative Staaten]
(1) Ein Vertragsstaat, der zwei oder mehr Gebietseinheiten umfasst, in denen nach seiner Verfassung auf die in diesem Übereinkommen geregelten Gegenstände unterschiedliche Rechtsordnungen angewendet werden, kann bei der Unterzeichnung, der Ratifikation, der Annahme, der Genehmigung oder dem Beitritt erklären, dass dieses Übereinkommen sich auf alle seine Gebietseinheiten oder nur auf eine oder mehrere derselben erstreckt; er kann seine Erklärung jederzeit durch eine neue Erklärung ändern.
(2) Die Erklärungen sind dem Verwahrer zu notifizieren und haben ausdrücklich anzugeben, auf welche Gebietseinheiten das Übereinkommen sich erstreckt.
(3) Erstreckt sich das Übereinkommen aufgrund einer Erklärung nach diesem Artikel auf eine oder mehrere, jedoch nicht auf alle Gebietseinheiten eines Vertragsstaats und liegt die Niederlassung einer Partei in diesem Staat, so wird diese Niederlassung im Sinne dieses Übereinkommens nur dann als in einem Vertragsstaat gelegen betrachtet, wenn sie in einer Gebietseinheit liegt, auf die sich das Übereinkommen erstreckt.
(4) Gibt ein Vertragsstaat keine Erklärung nach Absatz 1 ab, so erstreckt sich das Übereinkommen auf alle Gebietseinheiten dieses Staates.

Artikel 94 [Erklärung über Nichtanwendung der Konvention]
(1) Zwei oder mehr Vertragsstaaten, welche gleiche oder einander sehr nahekommende Rechtsvorschriften für Gegenstände haben, die in diesem Übereinkommen geregelt werden, können jederzeit erklären, dass das Übereinkommen auf Kaufverträge und ihren Abschluss keine Anwendung findet, wenn die Parteien ihre Niederlassung in diesen Staaten haben. Solche Erklärungen können als gemeinsame oder als aufeinander bezogene einseitige Erklärungen abgegeben werden.

(2) Hat ein Vertragsstaat für Gegenstände, die in diesem Übereinkommen geregelt werden, Rechtsvorschriften, die denen eines oder mehrerer Nichtvertragsstaaten gleich sind oder sehr nahekommen, so kann er jederzeit erklären, dass das Übereinkommen auf Kaufverträge oder ihren Abschluss keine Anwendung findet, wenn die Parteien ihre Niederlassung in diesen Staaten haben.

(3) Wird ein Staat, auf den sich eine Erklärung nach Absatz 2 bezieht, Vertragsstaat, so hat die Erklärung von dem Tag an, an dem das Übereinkommen für den neuen Vertragsstaat in Kraft tritt, die Wirkung einer nach Absatz 1 abgegebenen Erklärung, vorausgesetzt, dass der neue Vertragsstaat sich einer solchen Erklärung anschließt oder eine darauf bezogene einseitige Erklärung abgibt.

Artikel 95 [Erklärung zum Ausschluss der Anwendung des Artikel 1 I b)]

Jeder Staat kann bei der Hinterlegung seiner Ratifikations-, Annahme-, Genehmigungs- oder Beitrittsurkunde erklären, dass Artikel 1 Absatz 1 Buchstabe b für ihn nicht verbindlich ist.

Artikel 96 [Erklärung zur Schriftform]

Ein Vertragsstaat, nach dessen Rechtsvorschriften Kaufverträge schriftlich zu schließen oder nachzuweisen sind, kann jederzeit eine Erklärung nach Artikel 12 abgeben, dass die Bestimmungen der Artikel 11 und 29 oder des Teils II dieses Übereinkommens, die für den Abschluss eines Kaufvertrages, seine Änderung oder Aufhebung durch Vereinbarung oder für ein Angebot, eine Annahme oder eine sonstige Willenserklärung eine andere als die schriftliche Form gestatten, nicht gelten, wenn eine Partei ihre Niederlassung in diesem Staat hat.

Artikel 97 [Wirksamkeitsvoraussetzungen einer Vorbehaltserklärung]

(1) Erklärungen, die nach diesem Übereinkommen bei der Unterzeichnung abgegeben werden, bedürfen der Bestätigung bei der Ratifikation, Annahme oder Genehmigung.

(2) Erklärungen und Bestätigungen von Erklärungen bedürfen der Schriftform und sind dem Verwahrer zu notifizieren.

(3) Eine Erklärung wird gleichzeitig mit dem Inkrafttreten dieses Übereinkommens für den betreffenden Staat wirksam. Eine Erklärung, die dem Verwahrer nach diesem Inkrafttreten notifiziert wird, tritt jedoch am ersten Tag des Monats in Kraft, der auf einen Zeitabschnitt von sechs Monaten nach ihrem Eingang beim Verwahrer folgt. Aufeinander bezogene einseitige Erklärungen nach Artikel 94 werden am ersten Tag des Monats wirksam, der auf einen Zeitabschnitt von sechs Monaten nach Eingang der letzten Erklärung beim Verwahrer folgt.

(4) Ein Staat, der eine Erklärung nach diesem Übereinkommen abgibt, kann sie jederzeit durch eine an den Verwahrer gerichtete schriftliche Notifikation zurücknehmen. Eine solche Rücknahme wird am ersten Tag des Monats wirksam, der auf einen Zeitabschnitt von sechs Monaten nach Eingang der Notifikation beim Verwahrer folgt.
(5) Die Rücknahme einer nach Artikel 94 abgegebenen Erklärung macht eine von einem anderen Staat nach Artikel 94 abgegebene, darauf bezogene Erklärung von dem Tag an unwirksam, an dem die Rücknahme wirksam wird.

Artikel 98 [Zulässigkeit von Vorbehalten]
Vorbehalte sind nur zulässig, soweit sie in diesem Übereinkommen ausdrücklich für zulässig erklärt werden.

Artikel 99 [Zeitpunkt des Inkrafttretens]
(1) Vorbehaltlich des Absatzes 6 tritt dieses Übereinkommen am ersten Tag des Monats in Kraft, der auf einen Zeitabschnitt von zwölf Monaten nach Hinterlegung der zehnten Ratifikations-, Annahme-, Genehmigungs- oder Beitrittsurkunde einschließlich einer Urkunde, die eine nach Artikel 92 abgegebene Erklärung enthält, folgt.
(2) Wenn ein Staat dieses Übereinkommen nach Hinterlegung der zehnten Ratifikations-, Annahme-, Genehmigungs- oder Beitrittsurkunde ratifiziert, annimmt, genehmigt oder ihm beitritt, tritt dieses Übereinkommen mit Ausnahme des ausgeschlossenen Teils für diesen Staat vorbehaltlich des Absatzes 6 am ersten Tag des Monats in Kraft, der auf einen Zeitabschnitt von zwölf Monaten nach Hinterlegung seiner Ratifikations-, Annahme-, Genehmigungs- oder Beitrittsurkunde folgt.
(3) Ein Staat, der dieses Übereinkommen ratifiziert, annimmt, genehmigt oder ihm beitritt und Vertragspartei des Haager Übereinkommens vom 1. Juli 1964 zur Einführung eines Einheitlichen Gesetzes über den Abschluss von internationalen Kaufverträgen über bewegliche Sachen (Haager Abschlussübereinkommen von 1964) oder des Haager Übereinkommens vom 1. Juli 1964 zur Einführung eines Einheitlichen Gesetzes über den internationalen Kauf beweglicher Sachen (Haager Kaufrechtsübereinkommen von 1964) ist, kündigt gleichzeitig das Haager Kaufrechtsübereinkommen von 1964 oder das Haager Abschlussübereinkommen von 1964 oder gegebenenfalls beide Übereinkommen, indem er der Regierung der Niederlande die Kündigung notifiziert.
(4) Eine Vertragspartei des Haager Kaufrechtsübereinkommens von 1964, die das vorliegende Übereinkommen ratifiziert, annimmt, genehmigt oder ihm beitritt und nach Artikel 92 erklärt oder erklärt hat, dass Teil II dieses Übereinkommens für sie nicht verbindlich ist, kündigt bei der Ratifikation, der Annahme, der Genehmigung oder dem Beitritt das

Haager Kaufrechtsübereinkommen von 1964, indem sie der Regierung der Niederlande die Kündigung notifiziert.
(5) Eine Vertragspartei des Haager Abschlussübereinkommens von 1964, die das vorliegende Übereinkommen ratifiziert, annimmt, genehmigt oder ihm beitritt und nach Artikel 92 erklärt oder erklärt hat, dass Teil III dieses Übereinkommens für sie nicht verbindlich ist, kündigt bei der Ratifikation, der Annahme, der Genehmigung oder dem Beitritt das Haager Abschlussübereinkommen von 1964, indem sie der Regierung der Niederlande die Kündigung notifiziert.
(6) Für die Zwecke dieses Artikels werden Ratifikationen, Annahmen, Genehmigungen und Beitritte bezüglich dieses Übereinkommens, die von Vertragsparteien des Haager Abschlussübereinkommens von 1964 oder des Haager Kaufrechtsübereinkommens von 1964 vorgenommen werden, erst wirksam, nachdem die erforderlichen Kündigungen durch diese Staaten bezüglich der genannten Übereinkommen selbst wirksam geworden sind. Der Verwahrer dieses Übereinkommens setzt sich mit der Regierung der Niederlande als Verwahrer der Übereinkommen von 1964 in Verbindung, um die hierfür notwendige Koordinierung sicherzustellen.

Artikel 100 [Zeitlicher Geltungsbereich]
(1) Dieses Übereinkommen findet auf den Abschluss eines Vertrages nur Anwendung, wenn das Angebot zum Vertragsabschluß an oder nach dem Tag gemacht wird, an dem das Übereinkommen für die in Artikel 1 Absatz 1 Buchstabe a genannten Vertragsstaaten oder den in Artikel 1 Absatz 1 Buchstabe b genannten Vertragsstaat in Kraft tritt.
(2) Dieses Übereinkommen findet nur auf Verträge Anwendung, die an oder nach dem Tag geschlossen werden, an dem das Übereinkommen für die in Artikel 1 Absatz 1 Buchstabe a genannten Vertragsstaaten oder den in Artikel 1 Absatz 1 Buchstabe b genannten Vertragsstaat in Kraft tritt.

Artikel 101 [Kündigung des Übereinkommens]
(1) Ein Vertragsstaat kann dieses Übereinkommen oder dessen Teil II oder Teil III durch eine an den Verwahrer gerichtete schriftliche Notifikation kündigen.
(2) Eine Kündigung wird am ersten Tag des Monats wirksam, der auf einen Zeitabschnitt von zwölf Monaten nach Eingang der Notifikation beim Verwahrer folgt. Ist in der Notifikation eine längere Kündigungsfrist angegeben, so wird die Kündigung nach Ablauf dieser längeren Frist nach Eingang der Notifikation beim Verwahrer wirksam.

Geschehen zu Wien am 11. April 1980 in einer Urschrift in arabischer, chinesischer, englischer, französischer, russischer und spanischer Sprache, wobei jeder Wortlaut gleichermaßen verbindlich ist.

Zu Urkund dessen haben die unterzeichneten, hierzu von ihren Regierungen gehörig befugten Bevollmächtigten dieses Übereinkommen unterschrieben.

Sachverzeichnis
- Verweisungen beziehen sich auf die Seitenzahl -

Abkürzungsverzeichnis IV
Abnahme 88
Abnahmeverpflichtung 99
Absendeprinzip 47, 48
Absendetheorie 71
abstrakte Schadensberechnung.117
Abtretung 91
Allgemeine Geschäftsbedingungen 80
Allgemeine Geschäftsverbindungen 34
Angebot 29, 31
Annahme 32
Anscheinsbeweis 54
antizipierter Vertragsbruch 106
Anwendbarkeit 3
Aufhebungsvertrag 127
Aufrechnung 23
Auslegung 25, 28, 39
Auslegungsregeln 24
Aussetzungsrecht 105
autonome Anwendbarkeit............4

Beförderer 102
Benetton 110
Beschaffungsrisiko 124
Bestimmtheit 30
Beweislast 22
Bringschuld 90

CISG 1
contemplation rule 112, 114

Deckungsgeschäft 114, 115
Deckungskauf 124

EAG 1
E-Bay 15

eigene Leute 122
Eigentum 19, 20
Eigentumsvorbehalt 36
EKG 1
Erfüllung 78, 96
Erfüllungsgehilfe 122, 125
Erfüllungsort 25, 51, 90, 91, 92, 93
Erfüllungsverweigerung.............98
Erhaltung der Ware 132
Ersatzlieferung 82
essentialia negotii 89
externe Lücken 20, 22

Flugzeuge 15
Formerfordernis 28
Formfreiheit 40
Fristsetzung 98

Garantie 60
Gebräuche 27
Gefahrtragungsregeln 102
Gefahrübergang.. 60, 101, 102, 130
gemischter Vertrag 16
good will 112, 113
Gültigkeit des Vertrages 19
Gültigkeitsfragen 20, 21

Haager Kaufgesetze 1, 2
Haftungsbefreiung 122, 126
Handelbrauch 94
Handelsbrauch 27
Hauptniederlassung 4
Herstellergarantie 61
höhere Gewalt 123
Holschuld 50, 103

INCOTERMS 10, 49
interne Lücke 19

invitatio ad offerendum 30

Kaufleute 7
Kenntnis vom Mangel 59
kollisionsrechtliche
  Anwendbarkeit.................5, 6, 7
Kommissionsgeschäft.................12
Kompensationsgeschäft..............12
konkludente Rechtswahl...............8
Konsensualprinzip 20
Körperverletzung..................20, 24

Lagerpapiere 49
Leistungsverweigerungsrecht ...105
Leute des Verkäufers................102
lex rei sitae.................................21
Lieferkauf 15, 16
Lieferungskauf............................45
Lieferungspflichten.....................49
Lücke 93

Mahnung......................................95
Mängelanzeige..........22, 66, 69, 77
Mängelrüge.........63, 72, 73, 75, 76
Marktpreis.................................117
Minderung 78, 86

Nachbesserung............................82
Nacherfüllung.............................81
Nachfrist zur Erfüllung...............96
Naturalrestitution......................111
natürliche Personen......................3
Nebenpflichten............................45
Nichtabnahme.......................98, 99
Niederlassung 3, 31
Nutzungen.................................128

Offerte..29
Online-Auktionen 15
Opting in.....................................11
Opting out 7

Parteiautonomie 7, 28
Personenschäden..................... 112
Pflichtverletzung........ 87, 100, 110
Preisgefahr 101
privater Gebrauch..................... 13
Privatkauf 14

Rabel 1
Rechtswahlklausel..................... 9
Restgültigkeitstheorie 37
Rückgewährschuldverhältnis ... 126
Rücknahmeerklärung 32
Rücktritt 83, 97

Sachlicher Anwendungsbereich. 11
Schadensberechnung................ 114
Schadensersatz 78, 87, 100, 110
Schadensminderungspflicht 117,
  119
Schickschuld 49
Schiffe 15
Schlechtleistung 43
Schlussklauseln 134
Schriftformklausel.................... 41
Schweigen als Annahme 33
Selbsthilfeverkauf 132, 133
Sittenwidrigkeit........................ 21
Software 18
Spezifikationskauf................... 100
Spezifizierung 100
Staatsangehörigkeit 7
stillschweigende Rechtswahl 8
Stoppungsrecht 105
Strom 15
Subjektiver Fehlerbegriff........... 54
Sukzessivlieferungsvertrag 108

Tauschvertrag........................... 12
Teilleistung....................... 85, 108
Teillieferung........................... 108
Tod 20, 24
Transportdokumente 49
Transportversicherung 102

Treu und Glauben 25, 126

Übereinkommen über die
  Verjährung beim
  internationalen Warenkauf..... 22
Übermittlungsrisiko 71
UNCITRAL 2, 5, 22
United Nations Commission on
  International Trade Law 2
United Nations Convention on
  Contracts for the International
  Sale of Goods 1
Unmöglichkeit 43
Untersuchung der Ware 61
Untersuchungsfrist 62, 65

Verjährung 22
Verpackung 56
Verrechnung 23
Verschlechterungseinrede 104
Verschulden 88, 100, 111, 122
Versendungskauf 49, 51, 102
Versicherung 52
Versicherungsdokumente 49
Versteckte Mängel 60
Versteigerungen 15
Vertragsänderung 39
Vertragsangebot 29
Vertragsantrag 29
Vertragsaufhebung ... 42, 46, 78, 81,
  83, 84, 97, 98, 99, 106, 107,
  108, 119, 126, 130

Vertragserfüllung 81, 96, 104
Vertragsmäßigkeit der Ware 53
Vertragsschluss 29
Vertragsstaaten 4
Vertriebsvereinbarung 12
Verwendungsrisiko 124
Verzug 43, 44
voraussehbarer Vertragsbruch . 106
Voraussehbarkeit 113
Vorbehalt 7, 134

Währung 89
Waren 13
Werklieferungsvertrag 15
Wertpapiere 15
wesentliche Vertragsverletzung .....
  42, 82, 97, 107, 108, 116
Widerruf 32
Wiener Kaufrecht 1

Zahlungsmodalitäten 89
Zahlungsort 90
Zahlungszeit 93
Zinsen 120, 128
Zug um Zug 23, 90, 126
Zugang 31
Zugangsprinzip 38, 47, 48
Zwangsvollstreckungsmaß-
  nahmen 15